dtv

W0368795

Eine Geschichte aus dem »schönen Monat Mai«, jenem Mai des Jahres 1945, den ein achtjähriger Junge in einem erzgebirgischen Dorf erlebt. Eine Geschichte, die sich zwischen Autobiografischem und Fiktivem bewegt und in ihren Ausläufern weit über das historische Jahr hinausreicht. Was wird erinnert, was war schon fast vergessen? Der Text versucht eine weitere individuelle Antwort im Umkreis jenes historischen Ereignisses.

Klaus Walther, geboren 1937, war bis 2001 Leiter des Buchprogramms der Freien Presse Chemnitz. Heute arbeitet er als Berater, Autor und Kritiker. Er veröffentlichte u. a. über Charles Sealsfield, Erwin Strittmatter, Karl May und Hermann Hesse. Zuletzt ist von ihm erschienen ›Was soll man lesen? Ein Literaturverführer‹ (2005).

Klaus Walther

Der schöne Monat Mai

Eine Erinnerung

Deutscher Taschenbuch Verlag

Von Klaus Walther sind im
Deutschen Taschenbuch Verlag erschienen:

›Karl May‹ (31056)
›Hermann Hesse‹ (31062)
›Kleine Philosophie der Passionen.
Bücher sammeln‹ (34142)

Personen und Örtlichkeiten dieses Textes streifen die Biografie des Autors, sie bewegen sich freilich zwischen Realität und Fiktion. Aber nichts ist wirklich erfunden.

Originalausgabe
März 2007
© Deutscher Taschenbuch Verlag GmbH & Co. KG,
München
www.dtv.de
Das Werk ist urheberrechtlich geschützt. Sämtliche,
auch auszugsweise Verwertungen bleiben vorbehalten.
Umschlagkonzept: Balk & Brumshagen
Umschlagfoto: Privatbesitz des Autors
Satz: Greiner & Reichel, Köln
Gesetzt aus der Candida 8,5/11,5˙
Druck und Bindung: Druckerei C. H. Beck, Nördlingen
Gedruckt auf säurefreiem, chlorfrei gebleichtem Papier
Printed in Germany · ISBN 978-3-423-34398-5

Meinen Kindern und Enkelkindern

Manche Geschichte wird oft erzählt. Und man weiß nicht, ob alles richtig ist. Aber das lässt sich nicht ändern. Die Welt dreht sich ein Stück, und was eben noch richtig war, scheint nun falsch zu sein. Da ist es gut, dass einer zu Wort kommen kann, der dabei war, auch wenn er nur ein paar Stücke von dieser Geschichte kennt. Aber die kennt er eben.

Das Dorf, das Haus, die Großväter Der Himmel war blau, und die Sonne stieg jeden Tag ein Stück höher über die Berge. Es schien wie eine Befreiung nach dem langen und kalten Winter, der bis in die Märztage das Dorf mit Schnee und Nebel eingehüllt hatte. Die Stare waren wie immer an seinem Geburtstag Ende März angekommen. Das wusste er schon, dass beides zusammengehörte, der Geburtstagstisch, diesmal mit Stiefeln aus richtigem Leder und die Vögel, die nun wieder im Garten hüpften und pfiffen. Anfang April schmolz der Schnee plötzlich über Nacht, die Temperaturen stiegen bis auf fünfzehn Grad an. Die Jungen zogen ihre Stiefel aus, es war ärgerlich für ihn, denn er hatte sie gerade einmal fünf Tage, und nun liefen seine Freunde in kurzen Hosen über die Dorfstraße.

Der Frühling kam, die Narzissen blühten und die Krokusse und die ersten Tulpen, und es war wie immer, und doch war es ein anderer Frühling als in den vorangegangenen Jahren. Noch vor einem Jahr hatte die Umsiedlerin, die im Dachgeschoss wohnte und jeden Morgen ihre kleine Hakenkreuzfahne aus dem Fenster hing, gesagt: »Nun wird sich alles, alles wenden. Der Führer wird seine Wunderwaffe einsetzen, und der Sieg wird unser sein an allen Fronten.« Wenn das der Großvater hörte, meinte er: »Die Dame spricht ein fürchterliches Deutsch.« Mehr sagte er nicht. Aber es kam der Sommer, und der Herbst kam und der Winter. Und es gab keine Wunderwaffe. Die Erwachsenen hatten ernste Gesichter, die Angst saß in jedem Haus. Der Krieg näherte sich dem Dorf. Frontbegradigung hieß das in der Zeitung, die jeden Morgen im Kasten steckte und auch immer dünner wurde.

Das Dorf lag einsam in dem Tal, nicht weit von der Stadt entfernt, in die er manchmal mit dem Großvater fuhr. Die Berge, die es umstanden, wuchsen in der Ferne zum Kamm, der das Erzgebirge von Böhmen trennt. Zum Dorf gehörten vor allem Bauernhöfe, die sich zumeist ein Stück von der Straße entfernt in die Wiesen zogen. Ein paar Häuser von Leuten, die in der Kistenfabrik arbeiteten oder in der benachbarten Stadt, Häusler nannte man sie, vielleicht weil sie hinter ihrem Haus einen Stall für die Ziege oder die Kuh hatten, sie siedelten am Bach, der sich durch das Dorf schlängelte. Dann gab es noch das Gemeindeamt und die Schule, die stolz mit Bruchsteinen das Gesicht der Siedlung prägte.

Das war also das Dorf. Und das Dorf waren auch eine Reihe von sich wiederholenden Vorgängen und Gewohnheiten: Der Bäcker stand immer des Vormittags gegen zehn Uhr am Zaun und rauchte eine Zigarette. Da hatte er den zweiten Schub Brot gebacken und konnte sich eine Pause leisten. Zur gleichen Zeit trug die Bierhändlerin Emma Oeser ihre leeren Kästen vor die Tür. Manchmal winkte sie dem Bäcker, der zurückwinkte. Herr Rentropp stiefelte die Dorfstraße herab. Er suchte Zuhörer, denn er liebte es, seine Ansichten zu verbreiten. Bevor er ins Dorf zog, war er Oberlehrer in Chemnitz gewesen. Aber er wollte auf eigener Scholle leben, wie er zu sagen pflegte, und so wurde er Bauer. Er war kein schlechter Bauer, seine Söhne fleißige und kluge Kerle. So konnte er es sich leisten, das Fahrrad schiebend, an manchen Tagen seiner Neigung zum Dozieren nachzugehen.

Das Dorf war im vierzehnten Jahrhundert als Klostergründung entstanden, aber das Kloster gab es schon seit ein paar Jahrhunderten nicht mehr. Nur eine lange Bruchsteinmauer erinnerte an das Werk der Zisterzienser, die einst aus dem Mansfeldischen kommend, das Kloster begründet hatten. Die Gründung wuchs in wenigen Jahren zu einem reichen Kloster, dessen Besitzungen bis ins Niederland reichten, wie man die Landschaften nannte, die sich an das Erzgebirge nach Norden anschlossen. Es wurde in der Reformation geschleift, der ermordete Abt soll in manchen Nächten durch die Gassen ziehen, aber niemand hat ihn je gesehen. Nur die Mauer stand noch, die sich in einer langen Kurve den Berg hinunterzog. Großvater sagte immer, wenn sie dort vorbeigingen: »Diese Mauer ist aus Quark, und sie hält nun schon ein halbes Jahrtausend.« Nun, die Mauer war aus Bruchsteinen, und der Mörtel dazwischen sollte Quark sein. Und der Junge hatte zu Hause im Hof einmal versucht, einige Steine mit Quark aneinanderzukitten, aber sie fielen bald wieder auseinander. Daher vermutete er, dass diese Rede vom Quark, der Mauern hält, eine List des Großvaters gewesen war, ihn zum Essen der täglichen Portion Quark aus Ziegenmilch zu bewegen.

Hier im Haus des Großvaters, wo er lebte, gab es Ziegenmilch und Ziegenbutter, Ziegenfleisch und selbst der Apfelkuchen, den die Großmutter an jedem Wochenende buk, hatte den penetranten Ziegengeruch, der ihn in der Erinnerung durch sein ganzes Leben begleiten sollte. Lieber schon wollte er den Salat von jungen Löwenzahnblättern und Brunnenkresse essen, die die Großmutter an einem kleinen Bach in den Wiesen sammelte. Ziegenmilch wie Salat versah sie mit dem täglichen Spruch: »Das ist ja soo gesund!« Er hatte seither und für immer eine Aversion gegen diesen Spruch. Der Junge besaß zwei Großväter, nicht jeder seiner Freunde hatte das. Manche Großväter waren aus dem Ersten Weltkrieg nicht zurückgekommen. Und manche waren Soldaten in dem Krieg, der nun hier, an diesem Gebirgsrand, dahinschmolz wie der Schnee des Winters. Ach ja, die beiden Großväter. Der eine lebte draußen auf dem Berg in der Kistenfabrik, es war der Großvater, von dem er wusste, dass er einen seiner Söhne zum Fenster hinausgeworfen hatte. Der Fenstersturz zu Prag, lästerte der andere Großvater, damit hat der Dreißigjährige Krieg begonnen, denn zwischen dem Walther-Großvater und seinen Söhnen gab es einen permanenten Streit um die Oberhoheit im Besitz. Doch der Hübner-Großvater, der so gern ein wenig lästerte, er war selbst, wie meine Großmutter zu sagen pflegte, »ein Streitenberger«, er hatte sich mit seiner älteren Tochter und deren Mann auf ewige Zeiten verstritten.

All das wusste der Junge damals nur aus Andeutungen, Wortwechseln, er verstand nicht, was Erbschaft bedeutete, und auch ein Erbschleicher war ihm eine unbekannte Figur.

Hier aber soll zunächst einmal erzählt werden von dem Frühling, der von manchen eine Befreiung genannt wurde, von Vorgeschichten und auch von der Geschichte danach, die dem Jungen immer vertrauter werden sollte. Und von Robinsons Haus. Vielleicht war dies der erste Frühling, an den er sich erinnerte. Er ging schon das zweite Jahr in die Schule, bis in diesen Tagen der Unterricht nicht mehr stattfand. Unvergesslich würde ihm der Frühlingstag bleiben, als er zum ersten Mal in die Schule kam. Es war nicht so sehr die Erwartung der Schultüte, die ihn damals beschäftigte, wenngleich in den Kriegszeiten von den Eltern und Großeltern schon lange Zuckermarken gesammelt wurden, damit man die Tüte mit Leckereien füllen konnte. Und Tante Liesel aus Wien steuerte eine Tafel Schokolade bei, Friedensware, wie die Großmutter betonte, aber der Frieden lag schon etliche Jahre zurück, und die Friedensware schmeckte muffig und ranzig. Nein, nicht die Schultüte war es, auf die er wartete. Es war vielmehr die Hoffnung, das Gedruckte, das er sich bisher vom Großvater vorlesen ließ, nun selbst lesen zu können. Und seine kindliche Phantasie beschleunigte diesen Vorgang. Schon der Eintritt in das Backsteingebäude der Schule schien ihm der Eintritt in das Bücherland.

Aber zunächst einmal wurden sie allesamt in ein Klassenzimmer geführt, das mit zwei grünen Birken geschmückt war. Die standen in Zinkeimern, wie sie der Hübner-Großvater in seiner Werkstatt hatte. Dann sprach ein dicker Mann, von dem die Mutter sagte, dass es der Schulleiter gewesen sei. Von dieser Rede blieb ihm kaum etwas in Erinnerung, eigentlich nur ein kleiner Zwischenfall, als er nach den Namen der Schüler fragte. Sein Freund, der Günther hieß, nannte nicht diesen Familiennamen, sondern den Spitznamen der Familie, der im Dorf üblich war. Er sagte: »Esis«, und da lachten die Mütter, die im Hintergrund des Schulzimmers auf Stühlen saßen.

Dann stellten sie sich alle in eine Reihe und gingen die Treppen nach oben in ein größeres Schulzimmer, das auch Aula genannt wurde. Dort bekamen sie nun endlich die Schultüten, die er aber gleich zur Seite stellte, denn sie erhielten auch zwei Schulbücher, ein Lesebuch und ein Rechenbuch, und er konnte es nicht erwarten, darin zu blättern. Da waren Buchstaben, Wörter und Bilder, und einige Buchstaben kannte er schon. Er begann die Wörter zu buchstabieren und merkte nicht, dass da vorn ein Chor sang, dass jemand ein Gedicht aufsagte, bis der dicke Schulleiter ihn am Kopf fasste und sagte, für das Studieren der Bücher bliebe morgen noch Zeit. Und er klappte das Lesebuch zu. Dann war die Feier auch schon zu Ende. Der Junge ging mit der Mutter, die den Schulranzen trug, denn er hielt die Zuckertüte, den kurzen Weg nach Hause. Nun war er also ein Schulkind. Gleich in den nächsten Tagen saß er in jenem Klassenzimmer, und der Lehrer schrieb an die Wandtafel in großen Buchstaben: MAMA AM Zaun, aber das Wort Zaun stand nicht dort, es war ein Zaun gemalt. So hatte es also begonnen, die ersten Rechenstunden, Turnen auf dem Schulhof mit Ballspielen und Wettrennen, Singen in der Aula, wo der Lehrer auf dem Klavier spielte, Lesen und Schreiben. Nach einem Jahr bekam er zum ersten Mal ein Zeugnis, und die Mutter lobte ihn, denn in fast allen Fächern hatte er eine Eins. Nur in Turnen nicht, da stand eine Drei. Aber der Großvater meinte, dass dies nicht so schlimm sei.

Nun war die Schule geschlossen. Es war ein großer, schöner Backsteinbau mit zwei Türen an der Vorderfront, ein Haus also, das lange der Stolz des Dorfes blieb, auch als die Schulkinder später in die Stadt zogen. In den neunziger Jahren wurde das Haus verkauft, »verscherbelt« hätte der Großvater da gesagt, denn man wollte es einfach loswerden. Die neuen Stadträte hatten wohl wenig Sinn für Geschichte, dafür mehr für das Geld.

Damals aber gab es die Schule noch als Schule, auch wenn sie eben jetzt geschlossen war. Durch die eine Tür gingen die Schüler ein und aus, die andere führte in die Wohnung des Hausmeisters, der zu dieser Zeit eine Frau war. In den vier hellen Klassenzimmern saßen immer zwei Jahrgänge zusammen, das nannte man später eine Zwergenschule. Doch der Junge, der die Schule acht Jahre besuchte, konnte dann auf dem Gymnasium, der Oberschule, mithalten, nur in Mathematik nicht, aber das lag an dem Lehrer, der sie acht Jahre hatte wettrechnen lassen.

Niemand dachte in jenen Tagen an so ferne Zeiten. Der Krieg, der sie bisher verschont hatte, er wehte nun seine letzten Spuren ins Dorf. Schon im Winter zuvor hatte der

Großvater im Keller einen Unterstand gebaut, wie er sagte, einen Bunker. Nein, keineswegs wollte er hier Krieg spielen. Dem alten Bademeister hatte er mit schmerzverzerrtem Gesicht abgesagt, als der ihn eines Tages zum Volkssturm holen wollte. Das habe ich seit Verdun, sagte der Großvater. Der Bademeister war im Ersten Weltkrieg Leutnant gewesen und hatte ein Bein verloren. Anscheinend war ihm das nicht genug. Er hinkte mit ein paar Rentnern und einigen Bürschchen aus der Hitlerjugend dem Endsieg entgegen, wie der Großvater sagte. Der Führer musste gerettet werden, das behauptete auch Frau Dietz, die man in Großvaters Haus einquartiert hatte. Großvater hatte sein Haus 1932 gebaut, als er aus der Bachschänke ausgezogen war, die ihm bis dahin gehörte. Er hatte sie seiner älteren Tochter und ihrem Mann überlassen. Das neue Haus an der Dorfstraße hatte drei Stockwerke. Großvater wollte ursprünglich nicht so groß bauen, aber der Bürgermeister hatte ihm die Veränderung des Bauplans aufgezwungen. Robert, hatte er gesagt, es wird nicht lange dauern, da gehören wir zur Stadt, dann kann man an der Hauptstraße kein kleines Häuschen brauchen.

Nun saßen sie also in dem großen Haus, das im ersten Stock von den Eltern des Jungen bewohnt wurde und im Dachgeschoss von einer alten Verwandten. Als Bademeister Böttcher zur Tür hinaus war, er begab sich wieder in die Gaststätte »Zur Quelle«, die er den Kommandostand nannte, lächelte der Großvater, denn er war ein schlauer Mann. Er hatte keine Lust, den Führer zu retten. Und so sollte das Bauwerk im Keller auch kein Bunker für den Krieg werden, eher einer fürs Überleben. Die Balken stützten die Decke, falls das Haus bei einem Bombenangriff getroffen wurde, so hoffte es jedenfalls der Großvater. Denn der Krieg kam näher und näher. Er erinnerte sich an jene Februarnacht, da er krank, fiebernd im Bett der Mutter lag, und die tiefen Brummgeräusche der Flugzeugschwärme hörte, die über das Dorf flogen. Der Himmel war hell, die Flugzeuge setzten ihre Leuchtbomben. »Christbäume«, sagten die Leute, wenn die Leuchtbomben fielen, und der Junge wusste nicht, warum sie von Christbäumen sprachen. »Sie fliegen nach Dresden«, mutmaßte der Vater, und er sollte Recht behalten.

Der Junge lebte in diesen Jahren die Woche über bei den Großeltern, denn der Vater war Betriebsleiter der Kistenfabrik und kam abends erst spät nach Hause. Die Mutter saß zumeist vor dem alten Kontorschreibtisch und machte die Buchhaltung für Großvaters Kolonialwarengeschäft und seine Klempnerei. Auch für die NS-Frauenschaft führte sie die Bücher. Beinahe wäre ihr dies zum Verhängnis geworden, denn die Russen sperrten alle kleinen NS-Funktionäre ein, und wenn auch die Ortsgruppe der NS-Frauenschaft nur aus neun Mitgliedern bestand, Nazi ist Nazi, hieß es, aber zum Glück gab es den Hübner-Großvater, den alle Welt als einen Feind der Nazis kannte. Er war nie in die braune Partei eingetreten, und er hatte in seiner Klempnerei eine alte Fahne der SPD-Ortsgruppe versteckt. Damit rettete er vielleicht seine Tochter vor dem Lager, in das freilich die Führerin der Frauenschaft eingeliefert wurde, eine einfache, freundliche Dorffrau, der man das Amt aufgedrückt hatte. Sie hatte ein paar Waffen versteckt, die man den Pimpfen weggenommen hatte. Sie vergrub sie im Garten, weil sie nicht wollte, dass den Jungen etwas geschah. Aber jemand hatte es gesehen, und so holte man sie eines Tages in den frühen Morgenstunden ab. Großvater wurde Zeuge, wie sie mit einer schmalen Tasche in den alten PKW der Marke Wanderer stieg. Sie blieb vier Jahre im Lager und erholte sich nie wieder davon.

Damals also, in diesen Maitagen, lebte der Junge bei den Hübner-Großeltern. Am liebsten saß er in der Sofaecke und las, aber die Großmutter schickte ihn bei schönem Wetter nach draußen. Nur gegen Abend durfte er sich in der Sofaecke platzieren, wenn nicht der Ingenieur Langwein dort saß. Er kam aus Berlin, von Siemens und Halske, dienstverpflichtet in das Werk, das der Konzern in dem erzgebirgischen Städtchen eingerichtet hatte. Und jeden Nachmittag, ehe er sich in sein kleines Zimmer im Dachgeschoss verzog, saß er bei der Großmutter und trank eine Tasse Ziegenmilch; »sie war ja sooo gesund«, und er lobte sie, was den Jungen ebenso ärgerte wie der Umstand, dass er ihm seinen Leseplatz weggenommen hatte. Aber eines Tages sprang er schimpfend auf. Die Katze, die sich auf seinen Beinen niedergelassen hatte, sie ließ auch ihren Urin dort, und der Ingenieur verschwand ärgerlich im Dachgeschoss.

Und der Krieg kam näher und näher. Der »kleine Cohn«, wie alle im Dorf den Juden nannten, der mit seinen zwei Frauen über die Straßen schlurfte und dem wir nachriefen: »Kleiner Cohn ans Telefon«, er verschwand eines Tages. Was Cohn so recht gemacht hatte, wusste der Junge nicht, er betrieb wohl einen Handel mit Altwaren. Er kam nach Theresienstadt, wie man später erfuhr, aber Cohn überlebte es, kam nach dem Krieg zurück und schlurfte wieder mit seinen beiden Frauen, seiner Ehefrau und deren Schwester, durch das Dorf und wollte sogar einmal Bürgermeister werden, wie der Großvater behauptete.

Und der Krieg kam näher. Nach einem Luftangriff, den sie wieder einmal im Keller verbracht hatten, erfuhren sie, dass draußen auf der Bauertoffelwiese ein amerikanisches Flugzeug abgestürzt war. Wie man hörte, war es mit einem anderen Flugzeug zusammengestoßen, dessen Trümmer nun auf der Nachbarflur lagen. Nebel zog an diesem Morgen über die Wiesen. Der Junge rannte mit dem Großvater auf das Feld, wo die rauchenden Trümmer des Flugzeuges lagen. Feuerwehrleute und der Ortsgruppenleiter umstanden das Loch, das der Absturz gerissen hatte. Der Pilot sollte mit einem Fallschirm abgesprungen sein, hieß es, aber niemand wusste es genau. Jedenfalls war nichts von ihm zu sehen. Die Feuerwehrleute ließen keinen näher heran. Viel später, Mitte der neunziger Jahre, fand man in dem zugeschütteten Trichter Munition. Man hatte sie mit einem Gerät geortet. So saß der Krieg noch ein halbes Jahrhundert später im Dorf, als die Leute zu vergessen begannen, dass es ihn gegeben hatte. Damals blieben sie lange stehen, und der Junge würde den Brandgeruch nicht vergessen, die Rauchschwaden, die aus dem Trichter kamen und sich mit dem Nebel vermischten. Nach einer Weile gingen sie wieder zurück. Nur die Feuerwehrleute setzten Pflöcke in die Wiese und zogen ein Seil als Absperrung.

Im Dorf lebten Deutsche, Russen, Franzosen und Serben, und der Junge kannte sie alle. Erst später dachte er manchmal, dass es doch eine Idylle im Inferno gewesen sei, die Russen, Serben und Franzosen lebten friedlich in der Dorfgemeinschaft. Oder war dies nur eine Verklärung der Vergangenheit? Was sich zwischen den Erwachsenen und den Gefangenen abgespielt hatte, wusste er nicht. Seine Erinnerung war die Erinnerung eines Kindes. Freilich, es gab Unterschiede. Die Serben durften sich frei im Dorf bewegen, nur am Abend mussten sie, wie die Franzosen auch, ihre Gemeinschaftsunterkunft aufsuchen. Sie arbeiteten bei den Bauern des Dorfes, deren Söhne und Knechte Soldaten waren. Die Russen waren in einem einstöckigen Gebäude nahe bei der Kistenfabrik untergebracht. Aber auch sie konnten sich am Sonntag, wenn in der Fabrik nicht gearbeitet wurde, im Gelände des Betriebes frei bewegen. Die beiden alten Soldaten, die sie bewachen sollten, saßen dann in der Sonne und schauten weg, wenn wir Kinder mit den Russen spielten. Sie flochten uns aus Stroh, das sie einfärbten, kleine Kästen, Häuser und Puppen. Sie schnitzten merkwürdige Gesichter in Holzstöcke, und sie sangen uns Lieder vor, deren Texte wir nicht verstanden. Natürlich gab es für die Gefangenen etliche Verbote und Einschränkungen. Aber man nahm das im Dorf nicht so recht ernst.

Manchmal ging der Junge des Mittags in das benachbarte Bauerngut. Er war immer zum Essen eingeladen, denn er half oft auf dem Hof. Alle saßen um den großen viereckigen Tisch in der Fensterecke, auf dem die Schüssel mit den Kartoffeln stand. Das Fleisch schöpfte die Bauersfrau aus einem Topf und legte es auf die Teller. Den Milchkaffee trank man aus einer Schale. Auch der Serbe saß dort, den man dem Bauern als Hilfe zugewiesen hatte. Hieß er Ivo, wie der Junge sich zu erinnern glaubte? In seiner Erinnerung hieß er so. Der Bauernjunge war sein Freund, sie gingen beide in die erste Klasse, und er kannte auch als Einziger die Geschichte von Robinsons Haus, die noch zu erzählen sein wird.

Man saß schweigend, und wenn manchmal ein Gast an den Tisch gebeten wurde und nach dem Wetter fragte, sagte der Bauer später: »So ein Schwätzer.« Der Bauer redete nur, wenn es unumgänglich war. Von seinem Platz aus konnte er den Weg sehen, der zur Dorfstraße führte, und manchmal sagte er dann: »Ivo, der OGL kommt.« Der OGL, das war der Ortsgruppenleiter, der den Weg heraufkeuchte, um zu sehen, ob die Anordnung befolgt wurde, dass der Kriegsgefangene an einem gesonderten Tisch zu essen hatte. Der OGL war ein kleiner, dicker Mann. »Warum ist er eigentlich nicht im Krieg?«, fragte der Junge. Der Großvater sagte: »Sie hatten keine Uniform für ihn.«

Und wenn der Bauer sagte: »Ivo, der OGL kommt«, dann stand der Serbe auf, nahm seinen Teller und setzte sich an den kleinen Tisch neben der Tür. Der Bauer schob den Stuhl, auf dem der Serbe eben noch gesessen hatte, an die Wand. Dann klopfte es, die Tür ging auf, und der OGL trat ein. Er winkelte den Arm an und raunzte: »Heitler«, was Heil Hitler heißen sollte. Der Bauer nickt ihm über seinen Teller gebeugt zu und schob den Löffel in den Mund. Nur der Junge und sein Freund, sie sprangen auf und riefen laut: »Heil Hitler!« Das hatten sie in der Schule so gelernt. »Alles in Ordnung?«, fragte der OGL, der noch immer neben der Tür stand und auf den Tisch blickte, an dem der Serbe saß. Der Bauer nickte wieder über seinem Teller. Er bot ihm keinen Platz an, er konnte den geschäftigen OGL nicht leiden.

Die Gründe dafür lagen weit zurück, Anfang der dreißiger Jahre hatte der OGL einen Bauplan des Bauern abgelehnt. Damals saß er für die Nationalen im Bauausschuss der Gemeinde. Doch das wusste der Junge natürlich nicht. Er spürte nur, dass der Bauer den OGL nicht mochte, und diese Antipathie war wohl gegenseitig. So blieb der OGL noch ein paar Minuten stehen, drehte an den Aufschlägen seiner Jacke, wo er links das runde Parteiabzeichen trug, das Ochsenauge, wie es der Großvater nannte. Die Ecken des Revers standen nach oben wie zwei zusätzliche Ohren. Dann wandte er sich um und ging wortlos zur Tür hinaus. Dabei flatterten die weiten Hosenbeine seiner Knickerbocker. Nur an Feiertagen und bei besonderen Amtshandlungen zog er die braune Uniform des Amtswalters an. Doch da spannte sich der Hosenbund so unverschämt, dass er sich ihrer bald wieder entledigte. Als man ihn dann über den Hofvorplatz gehen sah und in den Weg einbiegen, drehte sich der Bauer um und sagte: »Ivo, er ist weg.« Und der Serbe zog den Stuhl wieder an den Tisch, nahm seinen Teller und setzte sich zu uns.

Einmal kehrte er freilich auf dem Hof um, denn er hatte seine Mütze vergessen. Da gab es einen ziemlichen Trubel, Ivo schob den Stuhl schnell weg, alle saßen still am Tisch, und als der OGL dann mit der Mütze endlich gegangen war, lachte Ivo, und der Bauer lachte, und die beiden Jungen lachten auch. So war das also mit Ivo. Ivo sprach wenig mit uns, nicht nur weil sein Deutsch begrenzt war, sondern wohl auch, weil er das Reden nicht gewöhnt war. Er war ein Bauernsohn, das wussten wir, ein Mann mit kräftigen Händen. »Ivo, woher kommst du?«, fragten wir ihn. Er schwieg und zeigte mit dem Finger nach Süden, wo die Sonne des Mittags hoch am Himmel stand. »Aber wo ist das?«, fragte der Junge. Ivo hob nun nicht einmal mehr den Finger und ging weg.

Da war es mit Jean lustiger. Jean war ein französischer Kriegsgefangener, der sich gerne mit den Kindern im Dorf unterhielt. Er arbeitete in der Bäckerei des Ortes. Eigentlich sollte auch er bei einem Bauern sein, aber der Bäcker, dessen beide Gesellen zur Wehrmacht abgezogen worden waren, er überzeugte den Unteroffizier, der das kleine Gefangenenlager der Franzosen bewachte, was freilich nur hieß, dass er des Morgens die Tür aufschloss und am Abend wieder abschloss, ehe er sich ins Gasthaus setzte. Ihn überzeugte also der Bäcker, dass er Jean brauchte. Wenn die ersten beiden Schübe gebacken waren, saß Jean auf der Bachmauer und rauchte. »Jean, wo kommst du her?« – »Aus dem Land, wo Milch und Honig fließen.« Und wir lachten. Jean, der sehr gut Deutsch sprach, war von Beruf Lehrer, man hatte ihn am Westwall mit einer ganzen Kompanie gefangenen genommen.

»Aber es gibt kein Land, wo Milch und Honig fließen«, sagte der Junge, doch Jean lachte, schüttelte den Kopf und erzählte uns von dem Land, wo man schon des Mittags ein Glas Wein trank und des Abends auch, und er zeigte uns ein Foto, auf dem eine schwarzhaarige Frau zu sehen war. Das ist Dornröschen, sie ist nach Frankreich gekommen, ihr hat es hier nicht mehr gefallen.

Aber wir lachten ihn aus, denn Dornröschen war blond. Als wir dem dicken Krahmann, unserem Schulleiter, die Geschichte von Jeans Dornröschen erzählten, schrieb er etwas in sein Buch. Vielleicht wollte er die Geschichte dem OGL melden, aber zum Glück war Krahmann ein vergesslicher Mann. Er vergaß, dass er etwas in sein Buch geschrieben hatte, er vergaß auch oft, wo er sein Notizbuch hingelegt hatte. Seine Frau, so meinte der Großvater, musste ihn jeden Morgen daran erinnern, in die Schule zu gehen. Er hatte auch Mühe, unsere Namen zu behalten, obwohl wir in der Klasse nur zwölf Kinder waren. Er sagte oft nur: »Du, da.« Deshalb bekam er den Spitznamen Duda. Da hatte also Jean Glück, dass er nicht angezeigt wurde. Aber das Glück nahm ein plötzliches Ende, eines Tages lag er tot auf dem Hof.

Der Junge würde den Tag nie vergessen. Er war wie so oft von der Schule nach Hause gekommen, hatte den Ranzen neben die Garderobe gelegt und war wieder entschwunden, ehe ihm die Großmutter einen Auftrag erteilen konnte. Er ging über die Straße, hörte, wie der Fleischer Knochen hackte, dann ging er in den Hof der Bäckerei. Und da lag der Franzose neben der Schuppentür und auf seiner weißen Bäckerjacke war ein roter Fleck. Was war das? Einer seiner Scherze, die er mit den Kindern trieb? Doch jetzt erschien der Bäcker, schwitzend und mit offenem Hemd. Er warf eine Decke über den Körper und schubste den Jungen weg: »Geh, Junge, geh«, sagte er. An der Hauswand stand ein Soldat, den der Junge erst jetzt sah, der rauchte eine Zigarette und seine Hand zitterte. Der Junge stand und wusste nicht, was geschehen war. Er konnte seine Beine nicht bewegen, bis er plötzlich wieder gehen konnte, und dann rannte er, rannte und weinte: »Jean ist tot«, schluchzte er.

Was war das, tot sein? Er wusste, dass er ihn nie mehr von Dornröschen würde erzählen hören und von dem fernen Land, in dem Milch und Honig flossen. Alles war zu Ende, zum ersten Mal. Später, viel später, würde er in Jeans Land kommen, und er würde immer an den Gefangenen denken. Er sah dann das lachende Gesicht, und er sah das Blut auf der Brust. Damals aber ging er nach Hause, setzte sich in den Hof und weinte. Erst später erfuhr er, was geschehen war. Jean hatte wie immer am Vormittag auf der Bachmauer gesessen, als plötzlich ein Soldat aus dem Bewachungskommando der Russen in den Hof kam. Jean sprang auf, um ins Haus zu gehen, aber der Soldat vermutete wohl einen Fluchtversuch, wie er zu Protokoll gab, denn die Sache wurde untersucht. Am nächsten Morgen kam ein Leutnant mit Begleitung, die den Soldaten in ein Auto luden. Der näher kommende Krieg machte auch die Bewacher der Gefangenen hier im Dorf nervös. Man sagte dann, dass der Soldat sein Gewehr gehoben habe, und ein Schuss habe sich versehentlich gelöst. »Ein Irrtum«, sagte der Bäcker, der mit dem Großvater redete. »Ein Irrtum?«, fragte der Großvater. »Wir leben, so scheint es, nur in Irrtümern.«

Am nächsten Tag ging der Junge noch einmal in den Bäckerhof. Er suchte die Stelle, wo der Franzose gelegen hatte, aber die Wegplatten waren gewaschen. Es gab keine Blutspuren mehr. Nur der Junge sah auf der grauen Platte das rote Blut, das sich immer weiter ausbreitete, immer weiter, über den ganzen Hof, über das Land. Als man Jean auf dem Friedhof der benachbarten Stadt begrub, kamen viele Leute aus dem Dorf, obwohl eine Totenfeier verboten war. Sie standen ein Stück abseits des Grabes, in das der schmale Holzsarg gesenkt wurde. Nur der Pfarrer mit einem Kreuz in der Hand stand eine Zeitlang vor der Grube. Und jeder dachte jetzt nicht nur an Jean, sondern an die vielen anderen Toten. Ach ja, der Krieg kam näher und näher.

Ende einer Zeit Die schöne Zeit des Friedens hier im Dorf, trotz des Krieges, war vorüber. Die Briefe mit den Todesnachrichten erreichten auch das Dorf: »Für Führer, Volk und Vaterland gefallen« stand in den Traueranzeigen der Zeitung, die fast täglich eine ganze Seite einnahmen. Dabei durften sie nur ganz klein gedruckt werden. Viele Frauen im Dorf trugen schwarze Kleider. »Der Heinz ist gefallen, der Friedrich auch, und Siegfried ist vermisst«, sagte der Großvater, und die Namen waren auswechselbar. Das Dorf entvölkerte sich von seinen Bewohnern, die man schon lange nicht mehr gesehen hatte.

Und eines Tages schloss also auch die Schule. Es gab keine Kohle mehr für die Heizung. Und es nützte nichts, dass Duda die Schüler aufgefordert hatte, jeden Tag Holz und Brikett mitzubringen. Kohle gab es auch in den Haushalten nicht mehr, und mit Holz allein konnte man das Schulhaus nicht heizen. Der Junge war darüber nicht unglücklich. Die drei Lehrer, Duda, Scharf und Färber, saßen schon am Vormittag im Gasthaus und spielten Skat, nur die vierte Lehrkraft, das ältliche Fräulein Müller, die Handarbeit und Musik gegeben hatte, ging jeden Tag in die Schule, um mit der Hausmeisterin ein wenig zu heizen, damit der große Kessel nicht einfror. Aber auch die Skatrunden im Gasthof sollten bald vorbei sein, denn es gab kein Bier mehr und der Kneiper schloss die Tür.

Die kleine Brauerei in der Stadt am Scharbenberg, deren Bier in den vergangenen Monaten immer wässriger geworden war, stellte ihre Produktion ein, denn man hatte nur noch Wasser. Es mangelte an Hopfen und Malz. »Hier ist Hopfen und Malz verloren«, sagte der Großvater, und er lächelte wie üblich ein bisschen hintersinnig, wie die Großmutter das nannte. »Wie meinst du das, Robert?«, fragte der OGL, mit dem er auf der Straße redete. »Wie ich es sage«, antwortete der Großvater und drehte sich um.

Nun zogen die ersten Flüchtlinge in das Haus ein, in welchem der Junge mit den Eltern und Großeltern lebte. Erst brachte der OGL eine alte Frau, die bald Omi Grabowski hieß. Sie war mit dem Treck aus Allenstein in Ostpreußen gekommen. Ihre Kinder hatte es nach Süddeutschland verschlagen. Ein paar Wochen später kam Frau Dietze mit Sohn und Tochter aus Breslau. Der Junge musste sein Zimmer an Omi Grabowski abtreten, und er schlief jetzt in einer kleinen Kammer im Erdgeschoss bei den Hübner-Großeltern.

Und der Krieg kam näher und näher. Es wurden immer mehr Nächte, die sie im Keller verbrachten, wenn die Sirenen Fliegeralarm anzeigten. Selbst am Tag gab es jetzt schon Alarm. Aber der Junge lebte nur mit einem Teil seines Selbst in diesem Kriegsalltag. Sein eigentliches Revier war Robinsons Haus, draußen bei der Kistenfabrik. Dort war er allein wie Robinson auf der Insel. Im vergangenen Winter hatte ihm der Großvater die Geschichte von Robinson vorgelesen. Es machte dem Jungen noch zu viel Mühe, ein ganzes dickes Buch zu lesen. Aber als der Großvater damals geendet hatte, begann er die Geschichte mit dem Finger auf den Druckzeilen nochmals zu lesen. Es ging langsam, aber es ging. Und er entdeckte, dass er selber Robinson war. Freilich, hier gab es kein Meer und keine Insel, nur Freitag gab es, und der wusste noch nicht, dass er Freitag war. Kurzentschlossen verwandelte der Junge den Holzplatz am Sägewerk des Walther-Großvaters, wo sein Vater jeden Tag arbeitete, in ein Meer, und die Obstkisten, die sich stapelten, da sie nicht mehr gebraucht wurden – woher sollte Obst kommen in diesem Kriegsjahr? –, sie wurden zur Insel. Nur an Palmen mangelte es und an Schildkröten, deren Eier man essen konnte. Da erklärte der Junge kurzerhand einige Telefonmasten zu Palmen.

Warum zog er sich hierher zurück? Er hatte keine Lust zu den Soldatenspielen seiner Kameraden, er war ja bei allen sportlichen Unternehmungen ein Versager. Er konnte nicht schwimmen, und im Fußball war er nicht schnell genug, man wollte ihn nicht. Aber es störte ihn nicht. Er sah sich nicht als Versager, sondern bestrafte die anderen Jungen, indem er sie nicht in seine Phantasiewelt einweihte. Irgendwo hatte er ein Bild gesehen, wie ein Greis mit langem weißen Bart an einem Tisch saß und in einem Buch las. Nun schwankte er, wollte er Robinson werden oder ein alter Gelehrter? So setzte er sich an den Abenden in Großmutters Küche, nahm sich das alte Realienbuch aus dem Schrank, hängte sich ein Stück Hanf aus Großvaters Klempnerwerkstatt um den Hals und las. Er war der alte Gelehrte, den die anderen nicht verstanden. Und das alte Realienbuch wurde zu einer Offenbarung. Welche Geheimnisse enthüllten sich da? Offensichtlich war die Erde noch weit hinter den Bergen bewohnt. Der Junge, der das Buch las, kannte kaum mehr als das Nachbardorf, das war der Aktionsradius für die Reisen mit Nachbars Pferdefuhrwerk in jenen Jahren. Alles, was er in dem alten Buch las, wurde plötzlich zu einem Stück wirklicher Welt: Afrika nur ein paar Kilometer hinter den Bergen, die exotische Menagerie im Umkreis des Dorfes. Alles war wirklich, weil er es gelesen hatte. So lebte er zwischen Robinsons Insel, dem Gehäuse des alten Gelehrten und der Welt, die ihn als Realität umgab.

Und der Krieg kam näher und näher Die wirkliche Welt hieß Krieg. Im Gasthaus »Zum Ross« saß der Stadtkommandant Heinrich Grebe, er hatte sich aus den Wäldern, wo er ursprünglich eine Stellung beziehen sollte, in die benachbarte Stadt zurückgezogen. Zu seinem kleinen Kommando gehörten etliche Infanteristen, die sich vorsichtshalber bei den Dorfbewohnern Zivilkleider beschafft hatten. Fast jeder wusste, dass der Krieg längst verloren war, aber niemand wagte es laut zu sagen. Eines Tages kamen ein Kradmelder und ein Kübelwagen. Gorl-Walther, Großvaters Freund, hatte den Vorgang zufällig beobachtet. Der Mann, der aus dem Kübelwagen stieg, trug die Schulterstücke eines Generalfeldmarschalls, wie man unter dem offenstehenden Ledermantel sehen konnte. »Das ist der Schörner«, sagten einige Leute, die auf dem Marktplatz standen, »der wird den Führer aus der eingeschlossenen Reichshauptstadt befreien.« Das hatten sie in der »Goebbelsschnauze« gehört, dem kleinen Volksempfänger, der in vielen Wohnungen stand. Damit konnte man gerade mal den Sender Leipzig empfangen. Aber der Großvater hatte ein größeres Radio, er hörte Beromünster und London. Viele Jahre später, bei einer Reise durch die Schweiz, würde der Junge ein Ortsschild mit dem Namen Beromünster entdecken. In jener Zeit freilich war das Städtchen nur eine merkwürdige Fiktion gewesen. Nur eine Stimme, für die einen die Stimme des Feindes, für den Großvater eine Stimme der Wahrheit. So wusste er auch, was es mit der Befreiung des Führers auf sich hatte.

Damals, als der Feldmarschall in das Gasthaus ging, kam der Bademeister, der sich Volkssturmkommandant nannte, über den Marktplatz gehinkt. Er drehte sich noch einmal um, ehe er das Gasthaus betrat, damit auch alle sahen, dass er zu Schörner befohlen war, und erst viel später erfuhr man von dem Gespräch, das da stattgefunden hatte. Kellner Berger, der dem Generalfeldmarschall ein Glas Tee brachte und für den Bademeister nur ein Wasser, er blieb hinter der Tür stehen und hörte etwas von dem, was da gesprochen wurde. Der General redete sehr leise, so hörte er nur die Stimme Böttchers. Der sagte mehrmals: »Zu Befehl, Herr Generalfeldmarschall.« »Und Sie wissen, was Sie zu tun haben«, sagte Schörner mit schnarrender Stimme. Und Böttcher antwortete: »Es wird kein Pardon gegeben.« Dann war es eine Weile ganz still, bis der Kellner ein Stühlerücken vernahm und schleunigst seinen Horchposten aufgab. Als der Kellner dann in das Gastzimmer kam, um nach den Wünschen der Herren zu fragen, war Böttcher schon verschwunden, nur der Feldmarschall saß noch am Tisch, den Kopf in die Hände gestützt. Schörner war ein fanatischer Nazioffizier, noch vor einigen Tagen hatte er angebliche Deserteure aufhängen lassen. Die Zeitung nannte ihn den tapferen Schörner. Aber nun ahnte er wohl, dass alles vorbei war. So soll es gewesen sein, wie man aus den späteren Erzählungen von Kellner Berger erfuhr. Nur der Bademeister erzählte eine ganz andere Geschichte: »Böttcher«, hatte da der General gesagt, »Sie sind mein bester Mann. Sie werden helfen, dass wir die Bolschewiken besiegen und uns auf die Seite der Amerikaner schlagen. Der Endsieg ist nicht mehr fern.« »Na ja«, sagte der Großvater, als er der Großmutter diese Geschichte erzählte, »da werden wir also bald siegen. Wir wollen mal schon die Bestecke vergraben und den Wein verstecken, der Endsieg wird uns einiges kosten.«

Man hörte schon die Artillerie. Das mussten die Amerikaner sein, die standen an der Mulde bei Hartenstein, meinte Hinkebein Böttcher. Und so galt es, den Endsieg vorzubereiten. Böttcher ließ an den beiden Ausfallstraßen Panzersperren bauen, doch seine Volkssturmleute waren keine eifrigen Bauleute. Der Junge und sein Freund, sie wollten helfen, aber Rechtsanwalt Zinn, der an einer Panzersperre wachte, sagte nur: »Verschwindet, verschwindet, euch brauchen wir später noch.«

Eine weiße Fahne wird gehisst Und dann ging eines Tages die Haustür auf, Bademeister Böttcher kam mit zwei Volkssturmleuten und sagte zu meinem Großvater: »Robert, ich muss dich verhaften, du hast eine weiße Fahne rausgehängt.« »Was«, sagte der Großvater ganz erstaunt, »wo denn?« »Oben, im ersten Stock.« »Das muss doch die Dietzen gewesen sein, ehe sie sich davongemacht hat«, sagte der Großvater und stopfte sich ganz ruhig seine Pfeife. »Da wollen wir sie mal schnell wieder reinholen. Vielleicht hat sie auch den Stoff aus unserem Schrank genommen.« Und er erhob sich, schob den Böttcher ein wenig zur Seite, stieg die Treppe hinauf, wobei ihm der eine Volkssturmmann auf Anweisung von Böttcher folgte und kam nach ein paar Minuten mit einem weißen Betttuch zurück: »Teufel nochmal, das Betttuch hat sie uns gestohlen. Sieh nur die eingestickten Initialen: E R, das ist der Name meiner Schwägerin Elsa Röscher, du kennst sie doch«, sagte Großvater zu Böttcher, »sie ist die Frauenschaftsführerin in Thalheim.« Böttcher guckte ein wenig erstaunt und wollte etwas erwidern, aber da sagte der Großvater schon: »Da bleibt mir nichts anderes übrig, als eine Anzeige zu machen. Bist du dafür auch zuständig, jetzt in Kriegszeiten, als Ortskommandant?« Das war er zwar nicht, denn immer noch gab es Hauptmann Grebe, wo war der eigentlich, aber Böttcher fühlte sich von dem Titel »Ortskommandant« geschmeichelt. Er stand da und wusste nicht so recht, wie er sich verhalten sollte. Eigentlich wollte er den Großvater verhaften, aber jetzt? Er sagte: »Also, da wäre die Sache aus der Welt geschafft, aber Robert in Zukunft: Feind hört mit.« Was das heißen sollte, wusste der Großvater nicht, es war wohl eine Verlegenheitsfloskel. »Übrigens«, sagte der Großvater, »wo ist denn der Hauptmann?« Nun, das wusste Böttcher auch nicht. Bald würde er den Hauptmann treffen, der meinte, dass er seine Infanteristen ausschwärmen lasse. Er sagte nicht, dass sie in Zivilkleidern ausschwärmten, nach Hause, wenn es ihnen gelang. Und Grebe selbst machte sich dann auch davon. Die Sache mit der Fahne hätte jedenfalls böse ausgehen können. Im Nachbarort hatte man im Rathaus eine weiße Fahne gehisst, zwei SS-Soldaten hatten daraufhin den Bürgermeister standrechtlich erschossen.

Wer war eigentlich der Feind? Die eigenen Leute oder die Amerikaner, die ihre Flugzeuge nun auch am Tag über das Erzgebirge fliegen ließen? Ein Zug mit Häftlingen kam über die Waldstraße, und ein dünnes Mädchen fiel hin und starb. Man begrub es auf dem Friedhof von St. Trinitatis, gleich neben Jean, wo jetzt ein braunes Holzkreuz stand, ein Kreuz ohne Namen und Angaben. Aber alle wussten, wer hier lag. Auch zu dem Begräbnis des unbekannten Mädchens kamen Leute. Eine Frau legte Narzissen auf das Grab, die blühten jetzt in den Gärten. Es war so etwas wie ein stiller Widerstand, die Leute hatten den Krieg satt.

An einem Apriltag sollte er die kleine Stadt erreichen. Es waren nur drei Flugzeuge, die im Tiefflug aus südlicher Richtung kamen, und es schien so, als ließen sie die Bomben ganz ziellos fallen. Sie trafen die alte Trommlerfabrik, die in Flammen aufging und auch das Haus des Günther-Tischlers. Die Feuerwehren kamen schnell, obwohl sie nur spärlich besetzt waren, und die Rentner halfen mit einer Eimerkette. Der Junge stand mit anderen Kindern neben den rauchenden Trümmern. Ein paar Leute waren von den Bomben getroffen worden, wie man am nächsten Tag erfuhr. »760 000 Paar Schuhe bei Trommler verbrannt«, sagte der Großvater. Wie war das gekommen? Die Amerikaner hatten einen Güterzug beschossen, ein paar HJ-Leute, die sich an der Moosheide eingegraben hatten, feuerten auf die Flieger. Und die bombten nun auf die Stadt.

Eines Tages sagte der Großvater: »Im Radio ist es gekommen, der Führer ist gefallen. Man möchte mal wissen, wo er denn hingefallen ist.« Nur Omi Grabowski weinte um den Führer. Das Kriegsende kroch über die Straßen. Dort, wo noch vor ein paar Tagen Ruhe geherrscht hatte, wo die wenigen alten Leute manchmal einen Schwatz gehalten hatten, da brummten nun die Lastwagen, da kamen die Raupenschlepper mit Tarnbemalung, da stiegen Soldaten von Motorrädern, auf die sie nie mehr steigen sollten. Die Stadt füllte sich mit Soldaten. SS-Kommandos besetzten für kurze Zeit das Rittergut, und einer wollte nochmals Schörner im Kübelwagen gesehen haben. Soldaten ließen ihre Fahrzeuge auf der Dorfstraße stehen. Überall lagen Gewehre, Munition. Und dann kamen auch keine Soldaten mehr. Das Radio schwieg. Nur Beromünster meldete die bedingungslose Kapitulation.

Bademeister Böttcher verließ seinen Gefechtsstand, er saß nun wieder in dem kleinen Häuschen am Stadtbad, als hätte es nie einen Krieg gegeben. Rechtsanwalt Zinn beugte sich über dicke Aktenbündel. Fabrikbesitzer Forstmann, der eine Kompanie des Volkssturms geführt hatte, er blieb in seinem Haus und spielte mit dem Amtsgerichtsdirektor ein Kartenspiel. Und der Walther-Großvater, der oben am Berg wohnte, er sagte zu mir: »Ach, mein Junge, nun kommen lausige Zeiten.«

Die Befreiung Sie werden uns schon befreien«, sagte der andere Großvater. »Von allem, was wir hatten und haben.« Und die Anarchie saß in dem offenen Opel Kapitän, in dem die Polen, freigelassene Kriegsgefangene aus dem Nachbardorf, johlend durch das Dorf fuhren. Ich kannte das Auto gut. Die Polen hatten es sich von meinem Walther-Großvater geholt. Der Opelhändler hatte verraten, dass es in einem Holzschuppen hinter Kisten versteckt war. Damit hatte er sein eigenes Auto vor der Requirierung geschützt. Jeder war sich selbst der Nächste. Die Polen hatten auch Schnaps und Wein, jede Menge. Wenn sie mit dem Opel durch den Ort fuhren, versteckten sich die Frauen und Mädchen. Aber Vergewaltigungen gab es erst später, als die Russen kamen, wie der Großvater erzählte. Der Junge wusste damals nicht so recht, warum sich die Frauen versteckten. »Frauen haben eben immer Angst«, dachte er. Nicht weit von unserem Haus machten die Polen eines Tages ein mächtiges Feuer und schlachteten ein Schwein, dessen Teile sie an langen Spießen über dem Feuer brieten. Einer von ihnen trug eine deutsche Offiziersmütze, und der Junge sah hinter dem Hoftor versteckt, wie sie mit ihren Pistolen nach leeren Flaschen schossen. Die Scherben klirrten in die Lieder, die sie grölten. Irgendwann warfen sie die Spieße mit den Fleischresten in das Feuer, und der Geruch von verbranntem Fleisch zog über die Straße. Sie aber waren längst torkelnd in das Auto gestiegen und davongefahren.

Das unbesetzte Gebiet Das Dorf wie auch die Nachbarorte waren in diesen ersten Tagen und Wochen nach der Kapitulation nicht besetzt. Erst später würde man erfahren, dass sich die Alliierten auf diesen unbesetzten Korridor geeinigt hatten, in dem sich die Heeresgruppe Schörner befand. Aber es gab auch andere Meinungen, vielleicht hatten die Alliierten nur die Namen der Städte hier im Erzgebirge verwechselt: Schneeberg, Schwarzenberg, Annaberg, Scheibenberg. Nun, wie es auch gewesen sein mag: Die Russen saßen damals in Annaberg und die Amerikaner an der Mulde bei Hartenstein. Manchmal kam ein Jeep der Amerikaner in das unbesetzte Land, manchmal ein Russenfahrzeug. In Annaberg hatten die Russen auf dem Marktplatz den ehemaligen Gauleiter Mutschmann als Gefangenen »ausgestellt«, wie einer meiner Onkel dem Großvater erzählte. Dort stand also Mutschmann, der sich noch vor Kriegsende aus dem zerstörten Dresden in die Villa seines Freundes Krauß, eines Fabrikanten, geflüchtet hatte, aber dort nicht wohlgelitten war und an den Fuß des Fichtelberges in eine Hütte zog, wo ihn ein paar Leute der neuen Antifagruppe entdeckten und den Russen übergaben. Großvater sagte: »Ich will ihn gar nicht sehen, diesen Hampelmann, wenn er nun ohne seine Braunhemden auf dem Podest steht.« Und der Onkel sagte, dass der dicke Mutschmann von Minute zu Minute abnahm. »Vielleicht wird er irgendwann ganz verschwunden sein«, meinte der Großvater.

So sah es aus in den ersten Tagen nach dem Zusammenbruch, im Südwesten also eine amerikanische Einheit und die Russen in Schwarzenberg. Dazwischen war für sechs Wochen Niemandsland, unbesetztes Gebiet. Viel später las der Junge die Bücher, die über die Ereignisse geschrieben wurden. Was war nun geschehen, tatsächlich ein Aufstand der Totgesagten oder einfach nur der notwendige Akt, Hunger und Krieg aus dem Land zu treiben? War es die Rache der Kommunisten, von denen einige aus den Lagern zurückkamen? Auch die Sozialfaschisten, wie die Roten die Sozialdemokraten nannten, wurden argwöhnisch beobachtet. Einheit der Arbeiterklasse, davon war im Dorf nichts zu merken, die zwei oder drei alten Kommunisten blieben ebenso unter sich wie die Sozialdemokraten. Das alles stilisierte sich später in Romanen und scheinbaren Dokumenten zu einem merkwürdigem historischen Vorgang. Aber der Junge fand sich dort nicht so recht wieder. Er erinnerte nur, dass es in jenen Tagen im Dorf merkwürdig still blieb, wenn nicht gerade die Polen kamen. Die Gefangenenlager hatten sich gleich nach der Kapitulation geleert. Die Russen hatten sich damals von seinem Vater verabschiedet, ja verabschiedet, so seltsam das klang. Auch die Serben waren verschwunden, Ivo saß nicht mehr am Tisch. Der Tisch stand noch lange neben der Tür, bis ihn der Bauer wegräumte.

Viel später würden einmal einige Franzosen mit ihren Frauen in das Dorf zurückkehren, wo sie Monate oder Jahre ihrer Kriegsgefangenschaft verbracht hatten. Auf dem Grab von Jean lagen immer Blumen. Einmal bat der Junge die Großmutter um einen Blumenstrauß, und er ging mit den blauen Blüten, die die Großmutter von einem ihrer vielen Blumenstöcke abgeschnitten hatte, die Dorfstraße hinab, am Geschäft von Gorl-Walther vorüber auf den Friedhof. Niemand hatte ihn dazu aufgefordert, er hatte es sich selbst überlegt, dass er so an Jean erinnern wollte, an die Zeit, die nun vorbei war. Es war still, das Dorf war ja nun, nachdem auch die Kriegsgefangenen nicht mehr da waren, fast ein Dorf der Frauen, die wie Schatten über die Straßen huschten. Auch das Gasthaus blieb leer. Hauptmann Grebe und sein Kommando waren längst verschwunden, und die mutigen Volkssturmführer hatten sich in ihre privaten Quartiere zurückgezogen.

So saß der Junge, der ich war, oft auf den granitenen Stufen, die am Haus des Großvaters hinauf in den Laden führten, über dessen Tür ein Schild hing: »Kolonialwaren Robert Hübner und Klempnerei«. Er fragte den Großvater, was denn Kolonialwaren seien? Der lachte ein bisschen: »Die gibt es schon lange nicht mehr, und auch die Kolonien, die sind verschwunden.« »Aber das Schild?«, fragte ich. »Das ist eine Erinnerung. Aber du hast Recht, Junge, man sollte das Schild abnehmen, es ist keine gute Erinnerung.« Und eines Tages stellte er eine Leiter an das Haus, und das Schild wurde ausgewechselt. Nun stand dort: »Lebensmittel Robert Hübner und Klempnerei«. Er stieg von der Leiter, trat ein paar Schritte zurück und sagte: »Nun ja, das stimmt ja auch schon nicht mehr. Wo gibt es denn heute Lebensmittel?«

Hier nun, auf dieser Treppe, die in den Laden führte, saß der Junge auch an jenem Morgen, an dem er ein dumpfes, rasselndes Motorengeräusch hörte. Er wusste aus der Wochenschau, die er im Kino gesehen hatte, dass es das Geräusch eines Panzers war. Aber noch nie hatte er einen fahrenden Panzer gesehen. Dann wurde das Geräusch immer lauter, und er hörte das Knirschen der Ketten auf der Straße. Nun sah er, wie zwei Gefährte um die Ecke in die Dorfstraße einbogen, nur wenige Meter von ihm entfernt. Sie kamen aus der Dittersdorfer Gegend, in die er manchmal mit dem Großvater ging, der dort in dem kleinen Bauerndorf Klempnerarbeiten verrichtete. Hinter den Panzern fuhr ein grüner Kübelwagen, in dem zwei Soldaten mit Helmen saßen. An den Seiten trug der Wagen weiß aufgemalte Sterne. Plötzlich stoppte die kleine Kolonne, der Lukendeckel des ersten Panzers öffnete sich, und ein Soldat kletterte heraus. Der Junge sah das dunkle Gesicht, ein Neger, ein Schwarzer, dachte er, er hatte eine Maschinenpistole im Arm und auf dem Kopf einen weißen Helm.

Jetzt erst merkte der Junge, dass er ganz allein auf der Straße war. Eben noch hatte er den Bäcker gesehen, der sich über den Gartenzaun lehnte, die Zigarette in der Hand, die alte Frau im Nachbarhaus, die die Limonadenkästen im Hof stapelte, aber alle waren sie nun verschwunden. Er konnte jetzt nicht mehr wegrennen, seine Beine waren aus Blei. Er hörte sein Herz schlagen. Nun öffnete sich auch die Luke des zweiten Panzers, weitere Soldaten stiegen aus, auch aus dem offenen Auto kamen Soldaten auf die Straße. Der Schwarze mit der Maschinenpistole kam zu ihm herüber und sagte mit einer knarrenden Stimme: »Wo Bürgermeister?« Aber der Junge blieb stumm. Woher sollte ein achtjähriger Junge wissen, wo der Bürgermeister des Dorfes wohnte? Allerdings wusste der Junge, wo das Gemeindeamt war. Also hob er den Arm und zeigte die Richtung: »Dort«, sagte er. Nur dieses eine Wort. Da warf ihm der Schwarze ein Päckchen zu, dann stiegen alle wieder in die Fahrzeuge und waren bald auf der Dorfstraße verschwunden. Nur das Motorengeräusch hing noch lange in der Luft. Erst nach einer Weile wagte der Junge, das Päckchen näher zu betrachten. Er befingerte es vorsichtig, buchstabierte die fremden Wörter auf dem silberglänzenden Papier. Dann schlitzte er es mit dem Fingernagel auf, ein Stück Gebäck mit einer Schokoladenschicht wurde sichtbar. Lange hatte er keine

Schokolade mehr gegessen. Er nahm den Keks, rannte ins Haus, zeigte ihn der Großmutter. Sie wollte ihm das Gebäck wegnehmen, »es kann vergiftet sein, mein Junge«, sagte sie. Aber er hielt das Geschenk fest in seiner Hand, bis er spürte, daß die Schokolade zu schmelzen begann. Da steckte er das klebrige Stück in den Mund, und er hörte, wie der Großvater, der hinzugetreten war, sagte: »Nun ist der Krieg vorbei.« Der Junge rannte wieder vor das Tor, aber die Panzer, die Soldaten waren verschwunden, als wären sie nie dagewesen. Der Bäcker öffnete vorsichtig die Tür der Backstube und kam wieder an den Zaun, die alte Frau kramte wieder in ihren Limonadenkästen. Der Junge dachte, dass nun etwas geschehen musste. Aber es geschah nichts.

So war das damals gewesen. Sein erster Amerikaner. Er machte danach die Bekanntschaft mit vielen von ihnen aus den Büchern, die er las. So erfuhr er von Tom und Huck, die am Mississippi lebten, und von Onkel Toms Hütte. Später lernte er Eugen Gant kennen und die Leute, die in einem Landstrich mit den seltsamen Namen Yoknapatawpha lebten. Er las von einem alten Mann und seinem Kampf mit dem Fisch. Die Phantasie des heranwachsenden Jungen ging auf der Straße der Ölsardinen spazieren und an einem Stück Pazifikküste namens Big Sur. Es war sein Leserleben, das ihn in das ferne Land führte, ein Stück von Robinsons Haus, durch das er ging, die Welt der Bücher, die Welt außerhalb der Welt. Es sollte lange dauern, ehe er in der Wirklichkeit seinen zweiten Amerikaner sah.

Großvater kramte in diesen Wochen zumeist im Keller. Dort hatte er seine kleine Klempnerwerkstatt, aber nicht damit war er beschäftigt, sondern er sorgte sich um seinen Weinvorrat. Also mauerte er unter der Treppe ein kleines Versteck, in das er die Weinkisten schob. Die Großmutter schüttelte nur den Kopf über diese Verrichtungen. Gab es nichts Wichtigeres zu tun in diesen Tagen? Der Großvater freilich, wenn er das Murren hörte, meinte nur: »Dieser Wein soll getrunken werden, nicht gesoffen. Und jetzt ist keine Zeit zum Weintrinken.« So schmierte er die Wand mit Lehm und Schmutz ein, sodass man nicht sah, dass sie gerade erst entstanden war. Noch immer war es still im Ort. Manchmal kam ein Kübelwagen der Amerikaner und die Soldaten gingen ins Rathaus. Auch ein Fahrzeug der Russen tauchte eines Tages auf, aber sie fuhren nur durch die Hauptstraße. In einem Nachbarort hatte sich bereits eine neue Verwaltung gebildet, und nun kamen auch hier ein paar Leute zusammen, die, wie Großvater zu sagen pflegte, eine Art »Übergangsregierung« bildeten. Es war ja notwendig, dass man sich um ein paar Dinge kümmerte. Und auch die Amerikaner hatten einen Sofortbefehl erlassen, der einen Verwaltungsrat aus Nazigegnern forderte. Großvaters Freund Gorl-Walther war dabei. Der hieß eigentlich Paul Walther, aber da er mit Garnen handelte, nannte man ihn Gorl-Walther. Und der sagte: »Jetzt kommt die Stunde der Kommunisten.« »Na ja«, meinte der Großvater, »es kann schon sein.«

Im Haus gegenüber im Dorf wohnte der neue Bürgermeister. Der Junge kannte ihn schon lange, denn jeden Morgen sah er ihn aufs Fahrrad steigen und in die Stadt fahren. Er war dort der Leiter des Konsums. Nun hatte man ihn zum Bürgermeister gemacht, ein Aktionsausschuss von ein paar Leuten, die, wie auch der neue Bürgermeister, nicht Mitglied der Nazipartei gewesen waren. Paul war Sozialdemokrat, aber vor allem war er ein freundlicher Mensch, einer, der den dringenden Wunsch hatte, mit allen Leuten in Frieden zu leben. Das gefiel aber den Ausschussleuten nicht so recht. Es gefiel auch seinen Amtsvorgesetzten in den nächsten Jahren nicht. Der Junge las viel später einmal, als er schon ein erwachsener

Mann war, ein Protokoll, das eine sogenannte Parteibrigade über die ideologische Lage im Dorf verfasst hatte. Und da kam Paul nicht gut weg. Paul sei kein rechter Klassenkämpfer, schrieb man dort, er spiele jeden Freitag mit dem Hengstbauer, dem alten Bürgermeister und meinem Großvater vom Berg, dem Kisten-Walther, Skat.

Aber das kam erst später. Jetzt hatte Paul damit zu tun, den Vertriebenen, die man später nur Umsiedler nennen durfte, Wohnraum zu beschaffen. Paul sagte zu meinem Großvater: »Es ist eine große Schweinerei, was die Polen mit diesen Leuten gemacht haben.« Und dabei blieb er auch. Nur durfte er es bald nicht mehr so laut sagen. Doch jetzt sagte er: »Robert, ihr müsst eine Familie aufnehmen. Ich kann die Leute nicht länger im Saal vom Meischner-Gasthof lassen. Ihr habt das größte Haus.« »Das größte Haus?«, fragte der Großvater. »Das sieht nur so aus, deines ist genauso groß.« »Aber bei mir sind schon zwei Familien einquartiert.« »Na gut«, sagte der Großvater, »da will ich das mal mit Meta besprechen.« Meta war meine Großmutter, und Großvater wusste, dass er um die Einquartierung wohl nicht herumkommen würde. Der Junge hörte das Gespräch, und er wusste, dass er nun sein Zimmer erneut würde aufgeben müssen. Die Dietzens waren gen Breslau gezogen, in der irrigen Hoffnung, wieder dort leben zu können, aber nachdem die heranrückende Front sie das erste Mal verjagt hatte, verjagte sie nun der Frieden, der polnische Uniformen trug.

Die fremden Leute kamen schon am nächsten Tag, nachdem Paul nochmals mit meinem Großvater gesprochen hatte: eine Frau mit einem Jungen, der war auch sieben Jahre alt. Das hätte ein Spielgefährte für ihn sein können, aber der Junge erwies sich als ein verschüchterter, stiller Knabe, der immer mit seiner Mama herumlief. Die Ereignisse der vergangenen Monate, die Flucht, die Vertreibung, sie hatten ihn verstört. Er hatte den komischen Namen Detlef und wurde kein rechter Freund. Die Mutter fand bald ihre Familie im Thüringischen wieder und überlegte, wie sie umziehen konnte. Aber sie bekam keinen »Zuzug«, wie der Großvater sagte. So war also der Junge sein Zimmer auf längere Zeit wieder los. Und er fragte den Großvater, wie lange das sein würde. Der sagte: »Man wird sehen«, und der Großvater auf dem Berg meinte: »Nu budet«, das war russisch. Er war ja im Ersten Weltkrieg am Peipussee für ein paar Wochen in russischer Gefangenschaft gewesen und hatte dort ein wenig Russisch gelernt. Er hatte ein altes Russisch-Lehrbuch hervorgesucht und bereitete sich auf den Einzug der Russen vor, die irgendwann kommen sollten, wie er gehört hatte. Die Zeit des unbesetzten Gebietes ging zu Ende.

Die Russen kommen Und eines Tages kamen die Russen, ganz still, niemand hatte sie zu dieser Zeit erwartet: Keine Panzer, keine Autos, sie kamen mit einem Dutzend Wägelchen, von denen Paul, der Bürgermeister, meinem Großvater sagte: »Mit so etwas würde hier kein Bauer fahren. Sieger wollen das sein.« Sie kamen mit kleinen struppigen Pferden und sahen selber struppig aus. Einige trugen dunkelgrüne Helme, andere nur verschwitzte Käppis. Auf einem Wagen saß eine Frau in Uniform. Einer der Soldaten hob einen Pferdeapfel auf und warf damit nach meinem Großvater. Aber der wischte sich die Jacke ab und blieb am Straßenrand stehen. Es dauerte wohl nur zehn Minuten, eine Viertelstunde, dann war die Straße wieder leer. Die Russen waren auf den Marktplatz gezogen und hatten ihre Pferde dann in den Hof des Gasthofs »Ross« gebracht. Dort fraßen die dürren Klepper das erste Grün, das zwischen den Pflastersteinen hervorsprießte. Der Stadtkommandant war längst verschwunden und sein Kommando auch. Nur Kellner Berger stand im dunklen Anzug an der Tür, die weiße Serviette über den Arm gelegt, als erwarte er eine große Gesellschaft. Aber ein kleiner struppiger Russe mit dunkler Hautfarbe schob ihn zur Seite, nahm ihm das weiße Tuch ab und wischte sich damit über die Stirn. Dann riefen die Soldaten nach Essen und Trinken, wie Kellner Berger später erzählte. Er stellte sich hinter die Theke und zapfte die letzten Liter Bier, die man ihm noch geliefert hatte. Und der alte Wirt holte ein paar Büchsen mit Schmalzfleisch, die die deutschen Soldaten zurückgelassen hatten. Dann wurde die Eingangstür geschlossen, und ein paar Russen saßen in den tiefen Sesseln und schliefen. Einer öffnete das Fenster, und da hörten die Leute auf dem Marktplatz den Gesang der Soldaten. Keine grölenden Lieder, vielmehr eine wehmütige und leise Melodie. Die Russen waren gekommen, und sie würden lange bleiben. Der schöne Monat Mai war vorüber, so schien es nach dem Kalender.

Großvater kauft die Antonmühle Jede Geschichte hat ihre Vorgeschichte, und ohne dieses Vorher ist das Nachher schwer zu verstehen. Als mein Walther-Großvater seinen zweitältesten Sohn aus dem Fenster warf, begann ein Stück dieser Geschichte. Man muss freilich sagen, er warf ihn nur beinahe hinaus, er drohte es ihm an: »Ich werfe dich zum Fenster hinaus.« Der Sohn schwang sich mit unerwarteter Gelenkigkeit auf das Fensterbrett, öffnete dabei den linken Flügel und danach den rechten Flügel, ließ sich vorsichtig an der Außenwand hinunter, denn das Fenster im Hochparterre lag nur zwei Meter über dem Boden, auf dem mein Onkel jetzt stand und kopfschüttelnd auf den Alten schaute, der aus dem Fenster guckte und dann schnell die beiden Flügel fest schloss. Vielleicht nahm er an, der Sohn käme wieder durch das Fenster herein. Er traute seinen Söhnen nicht.

Schon bald hieß es, der Alte habe seinen Sohn zum Fenster hinausgeworfen, nach ein paar Jahren wurde ein gefährlicher Mordversuch daraus, denn der Sohn ging herum und erzählte von dem verrückten Alten, der ihn hatte umbringen wollen. Aber alles war anders, wie wir wissen. Doch die Geschichte, die wir hier erzählen wollen, begann an einem Dienstag im August vor vielen Jahren. Der Großvater erinnerte sich daran, dass es ein Dienstag war, an dem er sonst immer für den Sägewerksbesitzer im Zwönitztal zum Holzeinkauf fuhr. Diesmal nicht, denn an diesem Dienstag stiegen sie in Zwönitz aus dem Zug, der an jedem Tag um 14.12 Uhr aus Chemnitz kam und 14.15 weiter nach Aue fuhr, drei Jungen und ein Mann. Alle trugen sie einen schweren Rucksack, sie gingen ein wenig gebückt, überstiegen die Gleise und standen schließlich auf dem Vorplatz. Da also lag die Stadt, und nach Süden, wo die Sonne hoch am Himmel stand, schloss sich das Dorf an. Es war ein weites Flusstal hier am Fuße des Erzgebirges, das aus den Wäldern die Wasser aufnahm, die sich zu einem Bach, zu einem Flüsschen, zu einem Fluss vereinten. Der Mann blieb auf dem Vorplatz stehen und sagte: »Da sind wir nun.« Die Jungen blieben auch stehen und schauten, wohin es denn nun gehen sollte.

Das war der Anfang, hier begann die Geschichte von Kisten-Walther. Der Sägewerksmeister Max Walther kam aus Dittersdorf nahe Chemnitz, wo er seit einigen Jahren vor dem Ersten Weltkrieg eine kleine Sägemühle mit wenigen Beschäftigten führte. Er stammte oben aus dem Gebirge, wo zwei seiner Söhne geboren waren, einer davon würde der Vater des Jungen sein. Nun hatte er vor einigen Wochen beim Holzeinkauf gehört, dass in dem Dorf, auf das sie jetzt schauten, eine alte Sägemühle zum Verkauf stand. Eine alte Wassermühle, die seit geraumer Zeit schon nicht mehr in Betrieb war, denn der alte Anton war gestorben, und nun wollte die Witwe gern verkaufen. Seit längerem hatte mein Großvater daran gedacht, sich selbständig zu machen. Warum sollte er dem Rentier Geitner in Chemnitz das Geld verdienen, der zudem noch eine Konservenfabrik besaß und etliche Mietshäuser? An jedem Ersten des Monats, wenn Geitner mit der Bahn nach Dittersdorf kam, um die Bücher zu prüfen und die Löhne auszuzahlen, dabei ein Bündelchen Scheine mitnahm, nicht ohne meinem Großvater zusätzlich einen Schein in die Tasche zu stecken, an jedem Ersten des Monats, dachte mein Großvater, dass er nicht zu dumm wäre, das Unternehmen auf eigene Rechnung zu führen.

So fuhr er, als er von dem Verkauf hörte, in das Dorf, schaute sich um, ging ein paar Schritte auf der Dorfstraße entlang, wo er mit einem benachbarten Bauern ins Gespräch kam, der in ihm einen Kaufanwärter sah. Ja, er ging den schmalen Abhang zum Mühlenteich hinauf, sah das alte Rad, dessen Eisenteile rosteten, er sah den abblätternden Putz an der Hauswand, es war also viel zu tun. Das war gut so, denn ein intaktes Gehöft hätte er kaum erwerben können. Da er ein Mann der schnellen Entschlüsse war, ging er hinein zur Witwe Anton und sagte, dass er sich für das Haus interessiere. Was es denn kosten solle? Die alte Frau war erstaunt über den plötzlichen Besuch und wusste nicht so recht, was sie erwidern sollte. Und da sagte sie erst einmal nichts. Natürlich hatte sie mit ihrem Bruder schon über einen möglichen Verkauf geredet, und es war auch eine Summe genannt worden. Aber die sagte sie jetzt nicht, sondern sie forderte den Mann auf, in einer Woche wiederzukommen.

Mein Großvater bat darum, sich die Werkräume anschauen zu dürfen, ein kleiner Saal im Erdgeschoss, im Hintergrund die Wellen und Transmissionsriemen zum Wasserrad, aber auch schon ein Elektromotor, der in Zeiten von Trockenheit und Niedrigwasser die Energie erzeugte. Ein paar Werkbänke, eine kleine Kreissäge und vor allem ein Sägegatter, das noch ziemlich gut aussah. Also man würde erst einmal anfangen können, dachte mein Großvater, aber er sagte: »Na, da muss man aber etliches Geld hineinstecken, damit hier etwas werden kann.«

Nach einer guten Woche war er wieder da, und die Witwe hatte sich mittlerweile mit ihrem Bruder beraten, und der hatte sich über den potentiellen Käufer informiert.

Also nannte man eine Summe für den Kauf von Haus und Maschinen, aber die war meinem Großvater zu hoch. Beide wussten, dass ihre Preisvorstellung nicht realisiert werden würde. Großvater wollte viel zu wenig bezahlen, und die Witwe nannte eine Summe, die sie nie erwartete. So war das mit dem Handel, es dauerte ein Stündchen, ehe man sich annäherte. Dann einigte man sich auf eine größere Anzahlung und auf zwei Raten für die nächsten Jahre. Wenn alles gut ging, war man in zwei Jahren schuldenfrei, denn die Anzahlung konnte Großvater aus dem Spargeld nehmen. Man trank noch eine Tasse Kaffee zusammen, der Kauf war besiegelt. Die Witwe wollte in den nächsten Wochen ihre Wohnung räumen, sie zog zu ihrem Bruder. Dann fuhr der Großvater wieder nach Dittersdorf und sagte: »Ich habe gekauft.« Meine Großmutter sagte nichts. Sie schüttelte nur ein wenig den Kopf: Ob das wohl gut werden würde. Aber sie wusste, dass sie da kein Wort sagen konnte, denn der Großvater hatte einen harten Kopf. Was er sich vorgenommen hatte, machte er auch.

Ein paar Wochen später wurden in die Rucksäcke der Jungen Nägel und Schrauben, Hammer und Zangen eingepackt, der Rentier aus Chemnitz war zum Glück nicht da, denn er hatte schon Tage vorher angefangen, alle Werkzeuge und Inventarien zu zählen, damit ihm nichts verloren ging. Er war nicht sehr glücklich, dass er den fleißigen Meister verlor, samt seiner Jungen, die als unbezahlte Arbeitskräfte nützlich gewesen waren. Doch der Großvater hatte sich entschlossen, auf eigene Rechnung zu arbeiten. Er wusste, daß er ein gutes Startkapital hatte, drei Jungen, die im Sägewerk arbeiten konnten, und drei Rucksäcke voll Nägel und Werkzeug. So standen sie auf dem Vorplatz des Bahnhofs und sahen das Dorf. Das war nun ihre Zukunft, ihre Heimat oder wie man das nennen sollte. Dieser geschwungene Hügelzug im Osten, der sich in einen dunklen Wald verlor, der über Hügel und Berge weiterzog bis hinauf in den Kamm des Erzgebirges und nur die schmalen Wiesen und Äcker frei ließ. Im Tal dann das Flüsschen oder der Bach, der das Wasserrad treiben würde. Ihn kannten sie ja bereits, denn er hatte auch das Wasserrad der alten Mühle in Dittersdorf getrieben, wo sie die letzten Jahre gelebt hatten. Der Vater des Jungen war der Älteste und schon eine richtige Arbeitskraft, denn er war gerade fünfzehn Jahre alt geworden, und der Großvater würde ihm einen Lohn zahlen, wie den drei Arbeitern auch, die er für das Unternehmen verpflichtet hatte.

Sie schulterten die Rucksäcke und zogen auf dem Feldweg durch die Wiesen, wo an der Antonmühle schon die Mutter stand und auf sie wartete. Sie war einen Tag früher gekommen, um alles herzurichten. Es gab ein Frühstück mit Milch und Butterbrot. Nur der Großvater trank eine Flasche Bier. Und die Anton-Witwe brachte einen Blumenstrauß zum Einzug. Dann wurden die Zimmer verteilt, denn das Haus bot genug Platz. Im Erdgeschoss hatte man zwei Räume für das Kontor, im ersten Stock bekam jeder der Jungen ein eigenes Zimmer. Die Räume waren sehr sparsam möbliert, ein Bett, ein Schrank, ein Tisch, aber man hatte ja eine Holzwerkstatt und der Großvater wollte neben der Kistenherstellung bald mit einer Möbelproduktion beginnen, da gab es also Aussichten auf Zuwachs.

Die Antonmühle war ein altes, aber sehr schönes Haus. Unter den Andreaskreuzen, die das Fachwerk bildeten, gab es eine Jahreszahl: 1643. Es sollte ihr Domizil für viele Jahre werden. Der Vater des Jungen stand nun Tag für Tag an der Nagelmaschine, man begann mit der Fertigung von Obstkisten. Und das Geschäft ging gut. Bald wurden neue Arbeiter eingestellt, und im Mai 1945 waren es rund hundert Leute, die bei Kisten- und Möbel-Walther arbeiteten.

Die Schule beginnt wieder An diesem Morgen nun, ein paar Wochen und einen Sommer nach dem schönen Monat Mai, sagte der Großvater zu dem Jungen: »Ab morgen geht es wieder in die Schule. Pack deinen Ranzen und deine Hefte. Es steht an der Anschlagtafel, dass der Schulunterricht wieder beginnt.« Der Junge, der auf der Treppe vor dem Haus saß, das war sein Lieblingsplatz, wusste nicht, ob er sich freuen oder ärgern sollte. »Na, wir werden sehen, was es mit diesen neuen Lehrern wird«, meinte der Großvater, und der Junge sah ihn fragend an. Ja, nun kamen neue Lehrer, der Schulleiter und die anderen, sie waren alle entlassen, nur das Fräulein Müller nicht, die gab Handarbeit für die Mädchen, und das war unbedenklich. »Aber wer sind die neuen Lehrer?«, fragte der Junge. Einer war vorher ein Klempner gewesen. Irgendwann war er aus Leipzig zugezogen und hatte mit dem Onkel Handball gespielt. Die Mannschaft war Sachsen-Meister geworden. Nun wollte er also Lehrer werden. Und Lehrer wurde auch der stille, schmale Meister aus der Schuhfabrik, den hatte aber der Bürgermeister erst überzeugen müssen. Denn Bonitz-Ernst hatte Bedenken, ins Lehrerfach hinüberzuwechseln. Doch der Bürgermeister hatte einmal das hohe Regal mit den vielen Büchern gesehen, da stand es für ihn fest, dass der Mann das Zeug zum Lehrer habe. Schließlich kam noch ein ganz Junger dazu, der blieb aber nur ein paar Wochen, dann wurde er zum Lehrgang geschickt und kam erst im nächsten Jahr wieder.

Der Junge kannte nur Bonitz-Ernst, von ihm würde er sich in den nächsten Jahren immer wieder Bücher ausleihen, darunter auch das Buch ›Die Entstehung der Arten‹, von dem Pastor Gotthelf von der Kirchlichen Gemeinschaft sagte, dass es sich um ein Teufelswerk handele, aber Pastor Ostermeier von den Methodisten sah das nicht so. Was war nun richtig? Doch bis zu diesem Streit der Geister würde es noch eine ganze Weile dauern.

Der Junge ging sonntags immer zu Pastor Ostermeier in die Sonntagsschule. Er war kein Methodist, aber die Großmutter wollte es, dass er dorthin ging. Und es gefiel ihm gut. Er hatte einen Freund, Johannes, der würde viele Jahre später Pfarrer an der berühmten Thomaskirche in Leipzig werden. Damals aber beschlossen die beiden Jungen, als Missionare zu den Heidenkindern nach Afrika zu fahren, denn die Geschichten, die Pfarrer Ostermeier so gut erzählen konnte, sie spielten alle im dunklen Afrika. Und das war für den Jungen und seinen Freund das gelobte Land. Nur wie sollte man nach Afrika kommen? Pastor Ostermeier wusste es auch nicht so recht. Und so wollte der Junge die neuen Lehrer fragen.

Aber ehe die Schule wieder begann, gab es noch einmal einen freien Tag. Er nahm den kleinen Rucksack, steckte ein Stück Brot hinein und nahm Abschied, wie er dachte, von seinen Ländereien. Der Himmel war mit weißen Schäfchenwolken besetzt, und er marschierte los. In der Hennig-Huhle, wie man im Dialekt die Laubhöhle nannte, hinterließ er mit dem Taschenmesser ein Zeichen: zwei gekreuzte Rindenschnitte in der großen Birke. Und er ging weiter, am Ziegenberg vorbei, wo in stürmischen Nächten der Reiter ohne Kopf gesehen worden war, eine alte Sage, die immer wieder erzählt wurde. Er ging über die weite Wiese, auf der die Arnika blühte, die Großmutter einsammelte und auf seine Wunden legte, wenn er gestürzt war.

Er schnitt sich einen Stock von der Eberesche, die schon ihre roten Beeren angesetzt hatte. Es war ein Abschied, ein Abschied wovon? Irgendetwas schien zu Ende zu sein, und etwas Neues begann, so ahnte er.

Er lief noch lange durch den Fichtenwald, der sich um das Dorf wie ein dunkelgrüner Mantel legte, und manchmal stieß er auf die Zeichen des vergangenen Krieges, auf ein Autowrack und auch auf Granatenhülsen. Er hütete sich, sie anzufassen, denn einem Jungen im Dorf hatte es den Arm weggerissen, als er eine alte Panzerfaust öffnen wollte. Nur einen Stahlhelm, der schon zu rosten begann, nahm er und setzte ihn sich auf, wobei sein ganzer Kopf darunter verschwand. Er ging an der Mooshaide vorbei, einem alten Waldgasthaus, wo der Großvater manchmal mit ihm eingekehrt war. Und wenn der Wirt den Apfelsaft brachte, sagte der Großvater: »Max, du musst den Wasserhahn schließen, wenn du den Saft einschenkst, es spritzt so viel Wasser in das Glas.« Man wusste, dass der Wirt gerne die Getränke ein bisschen verdünnte und damit seinen Gewinn erhöhte, obwohl man von den paar Gästen im Waldgasthaus nicht reich werden konnte. Jetzt waren die Fenster mit Läden verschlossen, aber im Garten stand der Wirt und hackte Holz. »Wo willst du denn hin?«, fragte er den Jungen. »Nur ein bisschen wandern.« »Sei vorsichtig im Wald«, sagte der Wirt, »da liegt noch ein Haufen gefährlicher Waffen herum.« Und der Junge nickte. »Willst du ein Glas Apfelsaft?«, fragte der Wirt, aber der Junge schüttelte den Kopf. Er hatte Großvaters Worte im Gedächtnis. Nun kam er schon an das alte Rittergut, das außerhalb des Dorfes lag. Im Garten gab es eine Plastik, die einen Ritter oder einen Zwerg zeigte. Der Junge wusste nicht so recht, was es denn war. Das alte Gutshaus war unbewohnt, in den letzten Kriegstagen hatten sich darin deutsche Deserteure versteckt und später nahmen hier ehemalige Kriegsgefangene ihr Quartier. Fenster waren eingeschlagen, die Haustür stand offen. Der Junge schlich sich an die Tür, aber er sprang erschrocken zurück, denn ein Hase hoppelte aus dem Haus. Er hatte das Anwesen wohl von den Polen übernommen. So verging dieser letzte Tag unbeschränkter Freiheit.

Nochmals ein erster Schultag Am nächsten Morgen nahm er seinen braunen Lederranzen, den Großvaters Freund, der Lauckner-Beutler, hergestellt hatte. Er hatte ein paar Hefte hineingelegt, das Schulbuch mit dem Hakenkreuz und mit den Bildern von »unseren tapferen Soldaten« wagte er nicht mitzunehmen. Nur den kleinen Atlas steckte er ein. Vor dem Schulhaus wurden sie erst einmal in Klassen eingeteilt. Das Dorf war größer geworden, es gab nun Kinder aus Ostpreußen und Schlesien und auch zwei Mädchen, die aus Chemnitz zugezogen waren. Ihr Haus war zerbombt, und nun wohnten sie bei Verwandten hier im Dorf. Einer der Jungen aus der Stadt würde sein Freund werden. Werner hieß er, aber die Freundschaft sollte bald zu Ende gehen, der Junge starb ein Jahr später an Scharlach. Und er bekam von Werners Mutter das schöne große Märchenbuch von Bechstein mit den vielen bunten Bildern. Es würde ihn ein Leben lang an diese kurze Kinderfreundschaft erinnern.

Einst gab es hier im Dorf hauptsächlich die Namen Günther, Neukirchner und Hennig, und damit man die Familien auseinanderhalten konnte, hatten sie allesamt Spitznamen, also sie hießen dann Becken-Toffel und Bauer-Toffel und Gebert-Toffel, und es gab den Tal-Oberhenner und den Berg-Oberhenner. Nun waren neue Namen ins Dorf gekommen, die Deuse kamen aus Liegnitz und die Schremmer aus Breslau. Mit ihnen saß er in einer Klasse. Der Junge setzte sich neben einen Dorfjungen, der wohnte nur ein paar Häuser entfernt, und mit ihm würde er dann später auch die Oberschule in der Kreisstadt besuchen. Hinter ihm saß Esis-Gerhard, der eigentlich Neukirchner hieß und Hirsch-Harald, der gleichfalls den Familiennamen Neukirchner trug. Mit dem Umsiedler Siegfried Deuse und zwei anderen Dorfjungen bildeten sie eine »Bande«, die gegen eine andere Bande aus der nahen Stadt zu kämpfen hatte, das waren die »Ziegenberg-Tiroler«. Die Dorfbande fühlte sich den ärmeren Stadtkindern überlegen. Man hatte ja mit Siegfried den stärksten Jungen dabei, der Holzschuhe trug, mit denen er gelegentlich auch auf die Ziegenberg-Tiroler einschlug. Deshalb war er gefürchtet, und im Ruhm dieses Kämpfers sonnten sie sich alle, auch der Junge ein wenig, der sich freilich bei allen Kämpfen und Schlägereien in sichere Bezirke zurückzog.

Nun saßen sie alle in einer Klasse, und es öffnete sich die Tür und Müller-Otto kam herein. Er trug Knickerbocker-Hosen, sodass man sehen konnte, dass er krumme Beine hatte. Müller-Otto war ihr neuer Lehrer.

Man kicherte ein bisschen, als Müller-Otto zu reden begann, denn der Lehrer sprach in einem breiten Sächsisch, wie gesagt, er kam aus Leipzig, aber hier im Dorf wurde eine andere Mundart gesprochen. Der Junge dachte, was will uns der schon beibringen, der ist ja Klempner wie mein Großvater. Nachdem sich Müller-Otto alle Namen notiert hatte, fragte er, ob jemand noch eine Frage hätte. Und da fragte der Junge den Lehrer: »Was ist der höchste Berg der Erde?« Müller-Otto war ein bisschen verblüfft über diesen plötzlichen Ausflug in die ferne Geographie. Er schaute von seinem Pult auf und sagte: »Das haben wir später.« Und am nächsten Tag erklärte er: »Also auf die Frage nach dem höchsten Berg der Erde will ich doch antworten, er heißt Mount Everest und liegt im

Himalaja-Gebirge.« Da lächelte der Junge ein wenig und zog unter der Bank einen dicken Band hervor. ›Stein der Weisen‹ stand auf dem Umschlag, es war eine Zeitschrift, die der Großvater hatte binden lassen. Da gab es ein Bild mit dem höchsten Berg der Erde. Aber der hieß dort: Tschomo-lungma. Und der Großvater hatte gesagt, dass dies der richtige Name sei. Müller-Otto las ein wenig in dem dicken Band und sagte dann: »Es gibt also zwei Namen.« Aber der Junge war damit nicht zufrieden: Hatte nicht alles nur einen Namen?

Doch der Lehrer war der Situation gewachsen: »Alle Pflanzen haben einen deutschen Namen und einen lateinischen, das ist die Gelehrtensprache. Wer später das Gymnasium besucht, der wird sie erlernen. So heißt der rote Fingerhut im Lateinischen Digitalis purpuralis, und im Deutschen heißt er eben roter Fingerhut. In Nepalesisch hat nun dieser Berg den Namen Tschomo-lungma, und im Englischen heißt er Mount Everest.« Als der Junge das später dem Großvater erzählte, meinte der: »Donnerwetter, die Antwort war nicht schlecht, der Mann ist besser, als ich gedacht habe.« Mathematik hatten sie bei Harry Scheibner. Das war ein junger Mann, der sich auf den Rand des Lehrerpultes setzte und alle Kinder aufstehen ließ. Dann war Wettrechnen angesagt. Wer die Aufgabe gelöst hatte, 23 mal 16, der durfte sich setzen. Der Junge war dabei immer unter den Ersten. Und Harry machte mit dem Wettrechnen weiter, bis die Klingel das Stundenende ankündigte.

Bei Bonitz-Ernst hatte man Naturkunde, die hieß dann später Biologie. Bonitz-Ernst, der neue Schulleiter, hatte die Stunden an das Ende des täglichen Stundenplans gelegt. Da konnte man das Schulhaus verlassen und, wie er zu sagen pflegte, in der Natur botanisieren. Das hieß, man sammelte Pflanzen und bestimmte sie mit einem dicken

Buch, das er den »Schmeil« nannte, da waren alle die Blumen und Gräser abgebildet, die es gab. Nur jetzt im Herbst waren schon viele verblüht und verwelkt.

Bonitz-Ernst richtete im Keller des Schulhauses einen Experimentierraum ein. Dort gab es ein Mikroskop und zwei dicke Mappen, in denen die gesammelten Pflanzen aufbewahrt wurden. Und es gab einen verschlossenen Schrank mit Chemikalien, die übernahm dann ein paar Wochen später Lehrer Winkler, der aus Dresden zugezogen war. Er besaß ein Buch, das einstmals zum Kosmos-Experimentierkasten Chemie gehört hatte und danach hielt er seinen Unterricht. Freilich, die Versuche wurden erst in der eigenen Wohnung ausprobiert. Der Junge wurde öfters eingeladen, daran teilzunehmen.

Winklers hatten nur zwei Zimmer, in dem Wohnraum saßen die beiden Kleinkinder der Familie in einer Badewanne, und die Hausfrau sah missgelaunt auf die Versuchsanordnungen, die ihr Mann neben der Wanne vornahm. Einmal gab es ein Unglück: Irgendeine Chemikalie war in das Badewasser gefallen. Es zischte und rauschte, die Kinder schrien auf und hüpften aus der Wanne, die kippte. Das Wasser ergoss sich über den Fußboden. Lehrer Winkler sprang auf einen Stuhl, der Junge zog sich auf das Sofa im Hintergrund zurück. Die Frau kreischte in den höchsten Tönen, die Kinder weinten, es war eine Katastrophe. Nur Lehrer Winkler sah das alles schweigend aus seiner Stuhlhöhe an. Seither vermied es der Junge, Winkler zu besuchen.

So also begann der Schulunterricht in den späten Sommertagen. Erst im nächsten Jahr würde sich etwas verändern, und wie Großvater sagte, normalisieren.

Stenografie und Englisch Eine der Lieblingsredewendungen seiner Mutter sollte werden: Es kann auch anders kommen.

Damit war vieles gemeint, das Wetter, angekündigte Besucher, die Versorgungssituation, vor allem aber die Politik. Während der Großvater davon überzeugt war, dass es nun nicht gleich wieder anders werden würde, ließ sich die Mutter nicht von ihrer Vorstellung der permanenten Veränderung abbringen. »Die lassen uns nicht los«, sagte der Großvater, als er die ersten Russen sah. »Die wissen, was sie an uns haben.« Und mit seinem Freund, dem Gorl-Walther, erörterte er die Nationaleigenschaften der verschiedenen Völker. Obwohl der Hübner-Großvater nicht der Nazipartei angehörte, war er doch von den besonderen, herausragenden Eigenschaften der Deutschen überzeugt. »Wir sind fleißig, wir sind arbeitsam«, sagte er, »das können die anderen von uns lernen. Zucht und Ordnung herrschen bei uns seit Bismarcks Zeiten.« Ob das nun historisch haltbar war, interessierte die beiden Strategen nicht so recht, die es sich in Gorl-Walthers kleinem Büro gemütlich gemacht hatten, denn für die Bedienung im Laden sorgte eine Verkaufskraft. Gorl-Walther rauchte eine »kleine Zigarre« und Großvater seinen Ulmer. Und sie erörterten nicht nur die Weltlage, sondern auch die Zukunft des Jungen, der im Ladenraum in den vielen hundert Schubladen die herrlich bunten Zwirne und Garne besichtigte. Aber damit man auch für künftige Zeiten vorbereitet war, sagte Gorl-Walther: »Lass doch deinen Enkel Englisch lernen.« »Ja«, sagte der Großvater, »das würde ich schon, aber wo?« »Hier neben der Kirche wohnt doch der pensionierte Rektor Schiller. Ich rede mal mit ihm.«

So gingen Gorl-Walther, Großvater und der Junge in das Haus gleich hinter dem Pfarramt. Im Erdgeschoss lag ein Gemüseladen, aber der war jetzt nach dem Krieg geschlossen, denn es gab nichts, was man hätte verkaufen können. Im ersten Stock verkündete an der Tür ein golden glänzendes Schild: August Schiller, Rektor i. R. Der Junge fragte den Großvater, was denn das i. R. bedeutet, und der Großvater sagte: im Ruhestand. Warum hatten andere Leute keine solchen Schilder, fragte sich der Junge. Da ging schon die Tür auf und ein lächelndes Gesicht schaute heraus. Sie wurden hineingebeten, und der Raum, in den sie kamen, war ein bisschen dunkel, aber mit Erstaunen sah der Junge zwei große Bücherwände, die sich bis an die Decke zogen, Bücher über Bücher. Nicht einmal in der Gemeindebibliothek gab es so viele. Der Junge versuchte auf den Rücken die Namen zu lesen, und etliche kannte er schon. Auf einem langen Regalbrett stand Goethe und Schiller folgte gleich, und Lessing. Dann gab es auch Namen, die er noch nie gehört und gelesen hatte: Paul Keller und Ernst Wichert, und man sah auch eine ganze Reihe von Büchern, auf die verwies der Rektor die drei Besucher, er hatte sie aus England mitgebracht. Denn der Rektor war vor vielen Jahren einige Monate auf der Insel gewesen, in Oxford, meinte er bedeutungsvoll, aber nur Gorl-Walther nickte anerkennend. Für Großvater und den Jungen war Oxford kein Name, der ihnen etwas sagte. Nun trug man aber das Anliegen vor, und der Großvater sagte: »Vielleicht kommt es doch einmal anders, dann kann der Junge nicht nur Russisch«, denn es war davon die Rede, dass dieses Fach nun obligatorisch in allen

Schulen gelehrt werden sollte, »dann kann er auch Englisch.« Und Rektor Schiller lächelte und sagte: »Da haben Sie nicht Unrecht.« Also wurde die Sache abgemacht, dienstags um 16 Uhr kam der Junge zu Rektor Schiller zum Englischunterricht.

Bald begann der Junge ein bisschen in Englisch zu parlieren, es machte ihm Spaß, seine Schulfreunde auf Englisch anzureden. Der Rektor war übrigens das Gegenteil jener Rektoren, die viele Bücher bevölkerten, er war ein sanfter, geduldiger Mann, von dem er nie einen Tadel hörte. Wenn der Junge die Vokabeln einmal nicht gelernt hatte, was manchmal vorkam, wenn drei dicke Karl-May-Bände gelesen werden wollten, dann lächelte er ein bisschen, strich dem Jungen übers Haar und sagte: »Aber bis nächste Woche wirst du sie lernen.« Nun ja, manchmal lernte er sie, manchmal nicht.

Ein gutes Jahr saß er also jede Woche bei dem alten Rektor, der ihm auch Bücher aus seinen Regalen auslieh. Im Sommer fand die Englischstunde nicht in der dunklen Wohnung statt, sondern im Gartenhaus, das gleich hinter dem Kirchhof stand. Dort hatte der Rektor seinen Garten, da blühten die »flowers«, wie der Junge nun schon wusste, und der Garten war ein »garden«. Aber nach einem Jahr war es mit dem Englisch-Unterricht vorbei, Rektor Schiller zog zu seiner Tochter in eine ferne Stadt, der Haushalt bereitete ihm zu viel Mühe. »Mein Englisch will keiner«, sagte er zu dem Jungen, »nur du.«

Als die Englischstunde nicht mehr stattfand, wusste der Junge nicht so recht, ob er sich freuen sollte. Rektor Schiller schickte später einmal eine Ansichtskarte, der man entnehmen konnte, dass er ein bisschen mit Sehnsucht an seine alte Heimat und wohl auch an seinen letzten Englisch-Schüler dachte. »Nun, es reicht vielleicht, wenn die Amerikaner kommen«, meinte die Großmutter, denn es konnte ja auch einmal anders kommen. »Die sprechen ja auch kein richtiges Englisch.« »Wer hat dir denn das gesagt?«, fragte der Großvater. Die Großmutter hatte es von der Teichert-Olga, und die war eine Autorität, wie man noch erfahren wird. Aber der Großvater lächelte nur und sagte: »Hast du davon gehört, dass die Amerikaner unterwegs sind?« Die Großmutter schüttelte ärgerlich den Kopf, sie kannte diese Aussprüche ihres Mannes zur Genüge.

Der Junge freute sich nun doch ein bisschen, dass er Dienstag nachmittag nicht mehr die guten Hosen anziehen musste, er hatte frei. Aber das sollte nicht lange währen, denn nun war es die Mutter, die die kaufmännische Zukunft ihres Sohnes vorbereiten wollte. Sie war gelernte Kontoristin und schrieb auch Stenografie, Gabelsberger, »die kann heute schon keiner mehr«, meinte sie. Aber Stenografie, das war doch eine Möglichkeit, den Jungen ein wenig ins Geschäftsleben einzuführen. Altlehrer Griebe sollte den Unterricht in Stenografie besorgen.

Griebe war ein ziemlich strenger Mann, der drei kluge Töchter hatte. Die Töchter, das war schon etwas, das den Jungen durchaus interessierte. Also erklärte er seine Bereitschaft mit noch zwei Freunden und einem Mädchen aus seiner Klasse die Stenografiestunde bei Lehrer Griebe zu besuchen. Aber die drei Jungen hatten wohl doch nicht die rechte Lust, Stenografie zu lernen. Wenn es irgend ging, verbummelten sie die Stunden, und das Mädchen, das sehr gern den Unterricht besuchte, weinte manchmal ein bisschen, wenn die Jungen wieder nicht bei Lehrer Griebe erschienen und er die Stunde verlegte. Griebe war ein strenger Mann, der freilich hinter seinem oft mürrischen Reden eine sanfte Zuneigung zu den jungen Eleven verbarg. Er hatte ja genügend Erfahrung mit Schülern, auch wenn er nun aus dem Schuldienst suspendiert war. Er ging in den Forst und wurde Waldarbeiter. Als man ihm einige Jahre später anbot, doch wieder in den Lehrerdienst zu gehen, lehnte er ab. Es gab manches an dieser neuen Schule, das ihm missfiel. Und gegen seine Überzeugung wollte er kein Lehrer sein. Er schüttelte nur den Kopf, wenn er von manchen seiner ehemaligen Kollegen hörte, wie sie das »Mäntelchen nach dem Wind gehängt hatten«, wie er sagte. Da gab es etliche, die lauthals nach dem Sozialismus riefen, so wie sie vorher den Arm zum Hitlergruß gehoben hatten.

Trotz der geringen Lust, die ihn in das Haus Griebes führte, er konnte schließlich doch ein bisschen Stenografie, Einheitskurzschrift, nicht die mütterliche Gabelsberger, er schrieb 80 Silben in der Minute. Damit konnte er keinen Blumentopf gewinnen, aber er wusste auch gar nicht, weshalb er so schnell schreiben sollte. Und oft genug konnte er seine eigene Stenografie nicht mehr entziffern. So endete also dieses Kapitel seiner Weiterbildung damit, dass er der Mutter einredete, er brauche diese Stenografie nicht mehr. Er wollte ja kein Kaufmann werden – und, es konnte ja auch anders kommen.

Ein Stück Geschichte Das Haus, in dem der Junge mit seinen Eltern und den Hübner-Großeltern lebte, war 1930 gebaut worden. Damals war sein Vater sechsundzwanzig Jahre alt und die Firma Max Walther Holzbearbeitungswerke war schon ein Stückchen gewachsen. Es gab etliche Anbauten an der alten Antonmühle, und der Walther-Großvater hatte ein Stück freies Feld gekauft. Dort sollte das neue Sägewerk mit einer Kistenfabrik entstehen. Die Antonmühle wurde ebenfalls beträchtlich erweitert. Auf der gegenüberliegenden Straßenseite wuchs in jenen Tagen ein dreistöckiger Fabrikbau. Neben der Sägewerksproduktion begann man hier mit der Möbelherstellung, Schlafzimmerschränke mit Schleiflacktüren und Küchenschränke, die ganz modern mit den berühmten Eschenbach-Küchen konkurrieren sollten. Aber der Vater des Jungen kaufte sich, als er heiratete, doch eine Eschenbach-Küche.

Kennengelernt hatten sich die Eltern des Jungen bei einer Veranstaltung des Turnvereins. Der organisierte im Sommer immer ein Kaffeetrinken in freier Natur. Man wanderte zum Bauertoffel-Steinbruch, wo man den mitgebrachten Kuchen und die Brote auspackte. Und aus Thermosflaschen wurde Kaffee ausgeschenkt. Man saß an einem solchen Sonnabend in der Sonne, und man ging von Gruppe zu Gruppe. Und mein Vater machte die Bekanntschaft der Töchter des Klempners Robert Hübner, und irgendwie kamen dann die Tochter, die meine Mutter werden würde, und der älteste Sohn des Fabrikanten zusammen und wurden ein Paar. Sie heirateten 1932, fünf Jahre später wurde ich geboren.

Mein Vater arbeitete noch immer und für immer im Sägewerk. In einem Haushaltsbuch, das meine Mutter angelegt hatte, fand ich später, dass er wöchentlich einen Lohn von 30 Reichsmark bekam. Anscheinend konnte man damit leben. Meine Mutter arbeitete damals im Pappenwerk von Fabrikant Sendig, der ein Weltmann war, denn er besaß auch ein Hotel in der Sächsischen Schweiz. Aber meine Eltern kamen nie dorthin, sie besaßen nur ein Buch, das in braune Pappe aus Sendigs Unternehmen gebunden war und von den bedeutenden Gästen des Hotels erzählte.

So vergingen also die Jahre, die Holzbearbeitungswerke Max Walther wuchsen wie so manches andere Unternehmen in der kleinen Stadt. Der größte Betrieb war Trommlers Schuhfabrik. Nie vergaß der Junge den Werbespruch, der auf Plakaten und in Zeitungen unter dem Bild eines fröhlichen Schusterjungen stand: Du kannst dich drauf verlassen, Trommler-Schuhe passen. Viel später, Jahrzehnte nach dem Krieg, fuhr der Junge von einst nach Amerika. In der berühmten Universitätsstadt Princeton, in der er für ein paar Wochen lebte, gab es eines Abends einen Empfang. Und sein Gastgeber kam auf ihn zu und sagte: »Heute ist ein Professor aus Philadelphia hier, der kommt aus ihrer kleinen Stadt in Deutschland.« Die beiden gingen auf einander zu. Der Junge sagte: »Trommler-Schuhe passen, du kannst dich drauf verlassen.« Und sein Gegenüber antwortete mit einem Wort: »Kisten-Walther.« Fast vier Jahrzehnte nach jenem schönen Monat Mai sahen sie sich wieder. Jetzt erst erinnerte sich der Junge, der nun ein Mann war, dass er ja in jenen Tagen mit dem anderen Jungen in der Gaststätte, die seinem Großvater gehört hatte und nun von seinem Schwiegersohn betrieben wurde, gespielt hatte. Sie waren beide gehalten, ihre guten Anzüge nicht schmutzig zu machen. Was hatten sie damals miteinander gesprochen? Sie wussten es nicht mehr. Sie wussten nur, dass sie sich bald nicht mehr gesehen hatten. Der Trommler-Junge ging mit seinen Eltern in den Westen Deutschlands, denn die Kommunisten hatten ihnen die Schuhfabrik weggenommen. Sie wurde volkseigen, wie das hieß, und es blieb nur die Erinnerung an die noblen Trommler-Söhne, und es blieb auch der Schusterjunge, der nun die Plakate des volkseigenen Unternehmens zierte.

Die Holzbearbeitungswerke Max Walther wuchsen. Auch und vielleicht gerade in den Kriegsjahren. Denn es gab billige Arbeitskräfte, ein kleines Gefangenenlager existierte neben dem neuen Sägewerk mit der Kistenfabrik. Dort lebten vielleicht zwanzig oder fünfundzwanzig Gefangene, bewacht von zwei deutschen Soldaten, die wegen ihrer Verwundungen nicht mehr »kriegsverwendungsfähig« waren. Der eine, an den sich der Junge noch erinnerte, war der »kleine Paul«, wie ihn der Vater nannte, denn es gab in der Fabrik auch einen großen Paul. Der kleine Paul war ein freundlicher Mann. Er wollte vor allem seine Ruhe. Früh brachte er die Gefangenen über die Dittersdorfer Straße hinein in das Dorf, wo sie in der Möbelfabrik an den Maschinen standen. Paul setzte sich in die kleine Kantine und trank einen Kaffee, wohlgemerkt, es war ein richtiger Kaffee, obwohl es 1943 schon keine Kaffeebohnen mehr gab, denn die Zeit, da die Soldaten aus Frankreich Beute-Kaffee schickten, war längst vorüber. Aber Leippoldt-Lene spendierte immer mal wieder ein Paket, dafür bekam sie öfters einen Wagen Holzabfälle geliefert. Nur der Obergefreite Paul Unger bekam den Kaffee. Der sollte bei guter Laune gehalten werden, wie mein Großvater sagte. Er kümmerte sich den ganzen Tag nicht weiter um die Gefangenen, die mit den Tischlern und den Frauen, denn mehr und mehr arbeiteten Frauen in dem Betrieb, an einem Tisch saßen, was natürlich auch nicht erlaubt war. Manchmal bekamen sie auch ein Päckchen Tabak, und da sie nicht die ›Prawda‹ hatten, eine russische Zeitung, die nach ihrer Aussage das beste Zigarettenpapier bot, nahmen sie den ›Völkischen Beobachter‹ und ließen ihn in Rauch aufsteigen. Einige der Russen waren geschickte Kunsthandwerker. Einer konnte kleine Korbwaren flechten, hübsche Kästchen, die er für Tabak vertauschte, und ein anderer schnitzte aus den Holzstücken einer Linde, die ein Bauer gebracht hatte, Figuren. Abends gegen fünf, wurden sie wieder in das Gefangenenlager gebracht. Dort bekamen sie Suppe und ein Stück Brot und um acht Uhr schloss Paul die Außentür ab.

Manchmal vergaß er es auch, denn er saß nebenan in einem kleinen Zimmer, das den beiden Bewachern zugewiesen war, und sie spielten mit meinem Großvater Skat. Der Walther-Großvater war ein leidenschaftlicher Skatspieler, immer fand er einen dritten Mann, damit eine Skatrunde zustande kam. Sie spielten um die zehntel Pfennige mit einer Begeisterung und Anteilnahme, als wäre damit die Welt zu verändern, denn Großvater wusste, dass der jetzige Zustand den Freimaurern zu danken war. Sie hatten Schuld an allem Übel, auch daran, dass sich Hitlers Idee in der Welt nicht durchsetzen konnte. Nein, die amerikanischen Freimaurer waren schuld am Krieg, und Lenin und Stalin gehörten selbstverständlich dazu und natürlich waren die Freimaurer Juden. Da hatte der Führer Recht, dass er sie aus Deutschland vertreiben wollte.

So dachte der Walther-Großvater, aber er war gescheit genug, solche Gedanken nicht allzu laut und nicht gegen jedermann auszusprechen, denn es konnte ja anders kommen. So sah es jedenfalls in diesem Jahr 1945 aus, und der Großvater richtete sich darauf ein, dass es anders kam. Als die Russen mit ihren Panje-Wägelchen ins Dorf einzogen und nach ein paar Tagen ihre Kommandantur in der Austel-Villa einrichteten, hatte der Großvater längst anhand eines alten Langenscheidt-Bandes sein Russisch aufpoliert. Er besaß ein halbes Dutzend der rot-blauen Wörterbücher: Latein, Spanisch, Italienisch, Französisch, Englisch, Russisch. Es könnte ja anders kommen, lachte er, wenn man ihn fragte, wozu er denn den Polyglott spielte, denn er sprach natürlich keine der genannten Sprachen, mit Ausnahme von ein paar Brocken Russisch, aber die hatte er nicht von Langenscheidt entnommen, sondern aus seinen vier Monaten in russischer Gefangenschaft.

Nun kam ihm der Langenscheidt-Besitz recht, er parlierte mit dem Kommandanten, einem Gardeleutnant Gladiew, einem Ukrainer, der Großvater gleich als Dolmetscher anstellen wollte. »Du wirst lernen«, sagte er, wenn Großvater lachte, denn er sprach ja nur ein paar Sätze. Aber immerhin, Großvater war ein gesuchter Zechkumpan, und Gladiew ließ mehrmals in der Woche nach ihm rufen. So saßen sie denn in der Austel-Villa unter dem Kristalllüster, der nicht brannte, man musste sich mit einer Stehlampe zufriedengeben. Es war eine Szene, wie von E. T. A. Hoffmann beschrieben, der düstere Gewölberaum mit den dunklen Massivmöbeln. Am Tisch, eine Wodkaflasche vor ihm, der junge Gardeleutnant, mein Großvater daneben in einem alten Ohrensessel und ein grauhaariger Deutsch-Pole, der für den Kommandanten den Dolmetscher spielte, aber auch den Laufjungen, denn er musste in die Küche gehen, um Brot und Fleisch zu holen. Großvater versuchte dem Gardeleutnant das Skatspiel beizubringen, aber der hatte keinen Sinn dafür. Immer wenn

Großvater dachte, nun habe er es begriffen, warf er lachend die Karten auf den Tisch und rief: »Prost Max!« Und der antwortete: »Prost Konstantin Konstantinowitsch«, denn er wusste, dass man dem Vornamen den Vatersnamen beigab. Und weil er das wusste, freute sich der Gardeleutnant und sagte: »Choroscho Max Moritzowitsch«, denn Maxens Vater hieß Moritz. Manchmal schickte mich die Großmutter am späten Abend in die Kommandantur, um den Großvater abzuholen, und der Gardeleutnant setzte mich auf seine Beine und begann zu singen. Die Lieder waren lang und traurig, und manchmal schlief der Gardeleutnant mitten im Gesang ein, und ich zog Großvater an der Jacke, damit er mit mir wieder nach Hause ging.

Mädchen Von Frauen war er umgeben, Großmutter und Mutter, Tante Liesel und Tante Elsa. Aber die nahm er nicht so recht als weibliche Wesen zur Kenntnis. Mittlerweile hatte er aus seinen Büchern nicht nur eine Vorstellung, was Mädchen und Jungen unterschied, es gab auch ganz reale Erkundungen auf diesem Feld. So wurde einem Mädchen eine ganze Schachtel Konfekt versprochen, wenn er mit seinem Freund einmal das andere Geschlecht besichtigen könnte. Hinter einer steinernen Treppe im Nachbarhaus ließ das Mädchen seine Schlüpfer herunter, und die beiden Knaben standen ein bisschen verlegen dabei. Nun hatten sie gesehen, was sie sehen wollten. Aber es war nicht so sehr das simple Geschlechtsleben, das den Jungen interessierte. Er hatte ja viele Bücher gelesen, und da gab es so etwas wie Schlüpfer nicht. Da gab es nur ein Erröten, einen zarten Kuss, eben die Liebe.

Bald ergriff auch ihn die Liebe. Der Gegenstand seiner Neigung war eine junge Dame, die damals vielleicht zwanzig Jahre alt war, und die mit ihrer Tante gelegentlich zu Besuch kam. Es war eine hübsche, blonde Dame, die ihm über den Kopf strich, und manchmal küsste sie ihn und sagte: »Ach, was bist du für ein hübscher Junge.« Vielleicht fehlte ihr ein größerer Junge, den sie küssen konnte. Es mangelte ja damals an allem, auch an jungen Männern. Doch diese Liebesgeschichte sollte bald ein jähes Ende nehmen, denn die junge Dame hatte nun doch noch einen jungen Mann gefunden, und Großmutter erzählte, dass sie sich verloben wollte. »Kann ich mich auch mit ihr verloben?«, fragte er die Großmutter. Doch die lachte nur und sagte: »Du bist noch viel zu jung.« »Aber ich werde doch älter, und dann bin ich auch so alt wie Lieselotte«, denn so hieß die junge Dame, meinte der Junge in verzweifelter Logik.

Der verschmähte Liebhaber ließ sich nicht mehr von der jungen Dame über den Kopf streichen. Er machte ein mürrisches Gesicht, wenn sie zu Besuch kam, und sie wunderte sich über ihn. »Ich will dich nicht mehr sehen«, sagte er eines Tages, »geh doch zu deinem Verlobten.« Und da lachte sie, denn sie merkte, dass sich der Junge ein bisschen in sie verliebt hatte, und meinte: »Aber ich habe dich noch immer gern.« Das aber wollte der Junge nicht glauben, da er an der linken Hand den Verlobungsring sah. Er überlegte, ob es eine Möglichkeit gab, den Konkurrenten aus dem Feld zu schlagen, aber die in der Literatur angebotenen Möglichkeiten von Gift oder Duell schienen ihm unbrauchbar. So verlor sich also seine erste Liebe in den simplen Realitäten, und es würde eine ganze Zeit dauern, ehe er sich wieder einem Mädchen näherte. Er hatte ja aus dieser Erfahrung beschlossen, als Einsiedler durch die Welt zu gehen. Nur würde sich auch bei diesem Entschluss zeigen, dass die Literatur das eine, und das Leben das andere war.

Die Explosion Ehe hier von den Eltern des Jungen näher zu erzählen sein wird und von einem Vorgang, den man die Entnazifizierung nannte, muss ein Ereignis erwähnt werden, das die Leute im Dorf und in der Stadt noch Jahre später beschäftigte. Eines Morgens kam die Briefträgerin und sagte: »Es hat eine Explosion gegeben.« Und sie fügte hinzu: »Die Lehrerin Rauhut hat ein Päckchen bekommen, und als sie es öffnen wollte, ist es explodiert. Sie war sofort tot.« Fräulein Rauhut, wie sie im Dorf genannt wurde, war außerordentlich beliebt. Sie kam aus Norddeutschland, den Leuten gefiel ihr Akzent, sie gefiel aber auch, weil sie eine gute Lehrerin war. Und sie war außerdem eine hübsche Person, groß, dunkelhaarig mit strahlenden blauen Augen. Manch einer der jungen Lehrer war in sie verliebt, aber man erzählte sich, dass sie auf einen Soldaten wartete, der noch in Gefangenschaft war.

Niemand wusste so recht, was eigentlich geschehen war. Großvater fragte den Bürgermeister, aber der sagte nur, dass ein paar Kriminalpolizisten aus Stollberg die Sache untersuchten. Wilde Gerüchte gingen durch den Ort: Es war ein Anschlag alter SS-Männer gegen die Neulehrer. Angeblich hatte man einen Zettel in ihrem Briefkasten gefunden. Aber das war wohl nur eine Erfindung von Schulhausmeister Liedke, der sich gern in den Mittelpunkt rückte. Einen solchen Zettel gab es nicht, sagte der Bürgermeister. Als sie begraben wurde, fand eine große Kundgebung auf dem Marktplatz statt. Der neue

Schulleiter hielt eine Rede, in der die Worte »unerklärlich« und »geheimnisvoll« mehrfach vorkamen. Alle Schüler waren gekommen und viele Eltern, und auch der Pfarrer sprach ein kurzes Predigtwort von der Unerforschlichkeit der Wege Gottes, obwohl die Lehrerin kein Kirchenmitglied gewesen war. Aus ihrer alten Heimat kam niemand, die Eltern waren während des Krieges bei einem Luftangriff umgekommen.

Es war ein Tag, den man nicht vergessen würde. Septembersonne lag über der Stadt, als der Trauerzug die wenigen Meter vom Marktplatz zum Friedhof zurücklegte. Den Sarg trugen ihre Kollegen aus der Schule. Der Friedhof reichte nicht aus, all die Trauergäste zu fassen. Für den Jungen war es nun schon sein zweiter Toter, Tod und Leben wurden auch ein Teil seiner Existenz.

Was war wirklich geschehen? Die Kriminalisten fanden nichts heraus. Erst einige Jahre später gab es die Aufklärung des Falles: Ein junger Mann, der sich in die Lehrerin verliebt, den sie mehrfach zurückgewiesen hatte, war wohl der Täter gewesen. So stand es jedenfalls in einem Brief, den man neben der Leiche des Mannes fand, der sich mit einem Strick im Haus seiner Eltern erhängt hatte. Vielleicht wäre dieser Brief niemals öffentlich geworden, wenn nicht Dr. Müller, der den Totenschein ausstellte, ihn entdeckt hätte.

So war es also gewesen. Aber es gab genug Leute, die glaubten nicht daran, eine Verschwörung, die Politik, der verlorene Krieg waren für sie die Anlässe, die zu diesem Verbrechen geführt hatten. Das Leben ging weiter, und anstelle von Fräulein Rauhut lehrte nun »seljonaja Gertruda«, die grüne Gertrud, wie die Lehrerin genannt wurde, weil sie immer ein grünes Kostüm trug, das seine Herkunft aus einer umgearbeiteten Wehrmachtsuniform nicht verbergen konnte.

Seljonaja Gertruda war die erste Russischlehrerin, die in die Dorfschule kam, aber der Junge hatte noch keinen Russischunterricht. Gertruda war im Sudetenland aufgewachsen und ebenso vertrieben worden wie viele neue Bürger im Dorf. Ihr Russisch hatte seine Fundamente im Tschechischen, das ihre Eltern mit den Nachbarn gesprochen hatten, denn in Reichenberg, woher sie kam, lebten Tschechen und Deutsche friedlich nebeneinander. Dann erfuhren sie eines Tages, dass sie am nächsten Morgen mit nur so wenig Gepäck, wie sie selbst tragen konnten, am Rathaus zu erscheinen hatten. Und das war dann der Weg heim ins Reich, wie sie ironisch sagten.

Aber der Tod von Fräulein Rauhut hatte noch eine andere Nachwirkung: Die neue deutsche Polizei suchte auf Anweisung der Russen überall nach Sprengstoff und Waffen, und ein paar Leute wurden abgeführt, weil sie ihre Waffen aus dem Krieg nicht abgegeben hatten. Gefunden wurde bei dieser Aktion auch ein großes Hamsterlager bei Leippoldt-Lene. Die alleinstehende Frau, die seit den dreißiger Jahren einen kleinen Lebensmittelladen führte, sie hatte in zwei Hinterzimmern ein Warenlager angelegt, das sie wohl auch noch durch den nächsten Krieg retten sollte, wie Paul Selig, der neue Bürgermeister, sagte. In den Mehlsäcken hingen dick und fett die Maden, über die Marmeladeneimer zog sich ebenso eine dicke Schimmelschicht wie über die Käsepakete. Als die Polizisten kamen und das Lager ausräumten – sie fanden auch ein paar Pakete Bohnenkaffee, die aus der Versorgung für den Gefangenenaufseher übrig geblieben waren, und eine ganze Blechkiste mit Zigaretten –, stand Lene ganz unbewegt daneben, als beträfe sie dies alles nicht. Dann ging sie in den Laden, legte den Kassenschlüssel auf den Tisch, setzte sich auf den Stuhl und schaute nicht einmal auf, als der Bürgermeister Paul Selig hereinkam. Sie wartete wohl, bis man sie abholen und ins Gefängnis stecken würde, aber Paul schaffte es, die Sache ein wenig unter den Tisch zu kehren, wie er sagte. Die alte Frau blieb in ihrem Haus, der Laden wurde geschlossen. Großvater sagte, als er die Geschichte erfuhr: »Da wollen wir mal die paar Sachen, die wir aufgehoben haben, auf den Oberboden schaffen.«

Es war nicht sehr viel, denn das Beste, den Wein, hatte der Großvater schon eingemauert, aber es gab ein paar Sachen aus der Räumung eines Wehrmachtslagers bei Krohn im Nachbarort, Mehl, Zucker, Graupen in weißen Säcken mit dem Wehrmachtsadler und auch zwei Lammfellmützen, die ursprünglich für die Gebirgsjäger gedacht waren. Doch die Gebirgsjäger waren längst ins Flachland vertrieben worden oder saßen in Gefangenenlagern. Die Mützen freilich trugen Großvater und Enkel noch viele Jahre, wenn strenge Winter kamen.

Noch immer hatte der Spätsommer sein Quartier im Gebirge aufgeschlagen, und das neue Leben, wie man es so nannte, nahm seinen Anfang. Ein Teil dieses neuen Lebens hieß Entnazifizierung. Die sogenannten Ochsenaugen an den Aufschlägen der Männeranzüge waren ebenso verschwunden wie die Abzeichen der NS-Frauenschaft. Aus den braunen Uniformen der SA waren nunmehr Röcke und Hosen geworden, die die Kinder der einstigen strammen SA-Mitglieder trugen. Im Rathaus saß eine Kommission, da gehörten der Bürgermeister dazu und zwei Beisitzer, die waren die Vorhut der Entnazifizierung, denn den eigentlichen Vorgang besorgten die Russen. Und so befahl man eines Morgens die Nachbarin ins Rathaus, die Frau des Schneiders. Sie trug ein dunkelblaues Kostüm und sagte zu meiner Mutter: »Was werden sie denn von mir wollen?« Sie war in den letzten Kriegstagen die Führerin der NS-Frauenschaft im Dorf gewesen, wenige Mitglieder hatte diese, dabei auch meine Mutter, die als Kontoristin die Kasse verwaltete. »Ach«, sagte meine Mutter, »sie werden dich schnell wieder nach Hause schicken.« Ja, sie kam wieder nach Hause, nach vier Jahren aus dem Lager Mühlberg. Die Entnazifizierer wollten ihr einen Persilschein ausstellen, erzählte Gorl-Walther, der als Beisitzer dabei war, aber der russische Leutnant zerriss das Blatt der deutschen Kommission und ließ die Frau im blauen Kostüm ins Gefängnis stecken. Ihr Mann durfte ihr noch ein paar Toilettensachen bringen, dann ging es ab nach Mühlberg. Die Jahre bekam sie wegen angeblicher »Verbrechen gegen die Menschlichkeit«. Meine Mutter versuchte bei Erbe-Helmut, der stellvertretender Bürgermeister war, etwas für ihre Nachbarin zu tun, aber der warnte sie nur, sie habe ja ein Amt gehabt. Auch einige Lehrer kamen nach Mühlberg und der OGL, der aber bald wieder entlassen wurde. Ein System war bei der Entnazifizierung nur schwer zu erkennen. Alte Rechnungen wurden beglichen, sagte der Großvater, der es sich leisten konnte, über die Kommission zu reden, denn er war nie in der Nazipartei gewesen. Und der Walther-Großvater, der mit seinen Söhnen 1937 in die Partei eingetreten war, er war, wie gesagt, unabkömmlich, der Gardeleutnant brauchte ihn zur Gesellschaft.

Die Wismut kommt Auch die Altlehrer wurden entnazifiziert, fast alle waren ja schon längst aus dem Dienst entlassen, und nun bekamen sie Arbeitsaufforderungen, sie sollten sich im Forstamt oder auch bei der neu gegründeten, geheimnisvollen Bergwerksgesellschaft »Sowjetische Aktiengesellschaft Wismut« melden, die ihren Sitz im einst bekannten Radiumbad Oberschlema hatte. Tante Elsa war vor dem Krieg in das Bad zur Kur gefahren, aber nun war das Kurhaus längst geschlossen, und die Häuser in der Umgebung wurden für die russischen Chefs der neuen Gesellschaft requiriert. Die einstigen Lehrer des Jungen gingen ins Forstamt, um der Bergwerksarbeit zu entkommen, aber Lehrer Distler, der in den letzten Kriegsmonaten aus Berlin hierhergekommen war, meldete sich in dem Einstellungsbüro der Wismut.

Erst viel später würde der Junge erfahren, wie das alles begonnen hatte. Schon wenige Wochen nachdem die Russen ins Erzgebirge gekommen waren, erschien eine Kommission in Militäruniform, die direkt von Moskau geschickt worden war. Man wusste, dass die Radon- und Radiumquellen in Oberschlema ebenso mit Uran zusammenhingen wie die Funde von Pechblende, die schon seit den zwanziger Jahren bekannt waren. In Moskau war man aufmerksam geworden, seit die Amerikaner die ersten Atombomben auf Hiroshima und Nagasaki abgeworfen hatten. Der deutsche Physiker Klaus Fuchs, der 1933 über Paris nach Großbritannien emigriert war und von

1943 bis 1946 am US-amerikanischen Atombombenprojekt in Los Alamos arbeitete, verriet die entscheidenden Hinweise für den Bau der Atombombe an die Sowjetunion, die nun die verfügbaren Lager an Uranerz ausbeuten wollte.

So rollte eine neue Welle des »Berggeschrey«, wie der Großvater sagte, über das Erzgebirge. Überall fuhren die grünen Militärlastwagen mit Männern und Frauen, die in graue Gummianzüge eingekleidet waren, denn es wurden alle verfügbaren Arbeitskräfte rekrutiert. Wer irgendwo und irgendwann aufgefallen war, der wurde zur Wismut gepresst. Auch in der Nähe ihres Dorfes gab es im Verlauf der nächsten Jahre einige Probebohrungen, aber glücklicherweise wurden die Markscheider nicht fündig. Doch gehörten Stadt und Dorf zum sowjetisch bewachten Wismutgebiet. Man musste im Ausweis einen besonderen Stempel haben, der nur von der sowjetischen Kommandatur erteilt wurde, um in diesen Bereich einreisen zu können. Auf den wichtigsten Straßen gab es Schlagbäume, die nur den Fahrzeugen aus der Wismutzone die Zufahrt erlaubten.

Ach ja, und wieder suchte man Quartiere, aber diesmal fragte nicht der Bürgermeister freundlich, ob man denn nicht ein paar »Wismuter« aufnehmen wolle, sondern die Hausbesitzer, wie mein Großvater, bekamen einen Zettel, auf dem stand, dass sie ab einem bestimmten Datum Quartiere vorzubereiten hatten. Obwohl Großmutter jammerte und den Großvater drängte, doch das Unheil abzuwenden, wusste der, dass da nichts zu machen war. Also stellte er auf dem Spitzboden zwei alte Betten auf und einen Schrank und harrte der Dinge, die da kommen sollten. Und sie kamen in Gestalt von zwei jüngeren Frauen, die man direkt aus dem Gefängnis geholt hatte. Weshalb sie im Knast gewesen waren, wusste man nicht, auch der

Großvater erfuhr es nicht. Sie kamen, ließen sich in die Betten fallen und rauchten unentwegt Zigaretten, bis es ihnen der Großvater verbot. Als sie nach einigen Tagen auch noch die Matratzen nässten, verbot Großvater ihnen, das Haus wieder zu betreten, er stellte den beiden die Taschen vor die Tür. Als sie am Nachmittag mit dem Gemeindediener wiederkamen, zeigte der Großvater die Matratzen und verkündete, dass er sie nicht mehr aufnehmen werde. So zogen sie ab und kamen nie mehr wieder. Nun jammerte die Großmutter, dass die Nachbarn allesamt von den reichlichen Essenmarken der Wismutarbeiter lebten, und da der Großvater die »Weiber« exmittiert hatte, gab es keinen freien Wismutschnaps, keinen Anteil an Stalin-Paketen, keine Essensmarken für die guten Mahlzeiten in den Objektgaststätten. Nur manchmal tauschte die Großmutter Zigaretten, die sie aus Kriegsbeständen versteckt hatte, gegen die Marken und führte dann die ganze Familie ins »Muldental« nach Aue, wo man große Schnitzel samt einem Stück Kuchen als Dessert bekam. Aber zufrieden war die Großmutter nicht, sie hätte es gern gesehen, wenn man öfters Marken gehabt hätte. Und schuld war der Großvater. Der schüttelte ärgerlich den Kopf, und wenn er sich ärgerte, fiel er in den Dialekt und murmelte: »Ich sog net suh und sog net suh, sonst kennt mehr sogen, ich hätt suh oder suh gesogt.«

Außerdem hatte er längst mit seiner späten landwirtschaftlichen Karriere begonnen. Neben dem Haus stand die Garage, aus der schon zu Anfang des Krieges der schöne Hansa Lloyd verschwunden war. Der Junge beobachtete, wie der Großvater es unternahm, die Garage aufzuräumen und wie aus Vaters Betrieb zwei Zimmerleute allerlei Gerüste in die Garage setzten. Auf die Frage des Jungen, was das denn werden sollte, hörte er nur: »Du wirst schon sehen.« Bald gab es im vorderen Bereich einen kleinen Stall, in dem zwei Zicklein herumsprangen, auf halber Höhe stand ein Käfig für Hühner und ganz im Hintergrund grunzte ein Schwein. Nun war das gute Leben gesichert. Man aß des Morgens eine Kornsuppe mit Ziegenmilch, aber die Gerüche der Ernährung habe ich bereits geschildert. Angenehmer war das Schlachtfest, wenn im Herbst das Schwein geschlachtet wurde, denn das landwirtschaftliche Imperium des Großvaters bestand etliche Jahre. Der Vater hatte eine großes Fleischbrett und ein Pökelfass anfertigen lassen, in dem ein Teil des Schweines über das Jahr bewahrt wurde, denn noch gab es keine Kühltruhe, nicht einmal einen Kühlschrank hatten die Eltern, der kam erst Ende der vierziger Jahre.

Am schönsten war das Wellfleischschneiden, wenn das Schwein im großen Wäschekessel gekocht war. Dann schmiss der Fleischer die großen Stücke auf den Tisch, den Vater, Großvater und manchmal auch ein paar Freunde umstanden. Und das Fleisch wurde klein geschnitten und dann in verschiedenen Bottichen zu Blut- und Leberwurst verarbeitet, die entweder in Konservengläsern gekocht oder in Därme gezogen wurde. Aber das Beste war die Gelegenheit, einige Stücke des Wellfleisches warm zu essen. Die Erwachsenen tranken einen Schnaps von Fall zu Fall, der Junge durfte von dem richtigen Bohnenkaffee kosten, denn der Fleischer erwartete am Schluss außer einem Geldschein auch eine Tasse Bohnenkaffee. Und die Großmutter sagte: »Der Junge soll auch eine halbe Tasse trinken, sonst wird ihm von dem vielen Fleisch schlecht.«

So verging also das Schlachtfest, Großvater und der Fleischer rauchten eine kleine Zigarre, und der Vater schrubbte mit der Mutter das Waschhaus. Die Würste wurden auf den Oberboden gebracht, und einige schaffte die Großmutter zum benachbarten Fleischer, der hängte sie in die Räucherkammer.

Der Junge sah dies alles, aber der gewöhnliche Vorgang verwandelte sich in seiner Phantasie in ein Stück von Robinsons Welt. Er war ja in Wirklichkeit Robinson, auch wenn dies die Erwachsenen nicht wussten. Es waren seine eingeborenen Helfer, die hier das Fleischlager für das kommende Jahr anlegten. Der Junge nahm einen Zettel, zählte die Wurstbüchsen und die Fleischstücke, zählte seine Leute, beauftragte Freitag, der unsichtbar immer dabei war, die Vorräte zu bewachen. So ging er dann ins Bett, während die Erwachsenen noch in der Wohnküche saßen. Draußen war es dunkel geworden, der Himmel hatte sich mit Sternen bestückt, die Venus, die er schon kannte, blinkte ganz nahe dem Mond. Es war seine Welt, und es war eine ferne Welt, in die er hinausschaute, wenn er den Kopf im Bett hob. Er zählte noch immer Blutwürste und Leberwürste, und dann schlief er ein.

Mit Vater unterwegs Viele Kinder lebten im Dorf und in diesen Zeiten zumeist bei ihren Großeltern. Die Väter waren im Krieg geblieben oder in Gefangenschaft, die Mütter verdienten das Geld, und so wuchsen die Kinder in den Häusern der Großeltern auf. Sein Vater war nie im Krieg gewesen, UK gestellt, wurde das genannt, unabkömmlich, denn der Vater war der älteste der fünf Walther-Söhne und mit seinem Bruder leitete er gemeinsam den Betrieb in den Kriegszeiten. Freilich, der Walther-Großvater thronte noch über den beiden Männern, er hatte im Dorf in der Möbelfabrik seinen Schreibtisch und auch einen draußen im Sägewerk. Aber er kümmerte sich kaum um die vielen Querelen des Alltags, das überließ er seinen Söhnen. Auch wenn die gelegentlich gegen die Autorität des »Alten« aufmuckten, im Grunde rührten sie nicht an seiner Stellung. Der Vater des Jungen ging jeden Morgen kurz nach halb sieben mit der alten Ledertasche, in der sich die Thermosflasche und ein Paket Schnitten befanden, die lange Dittersdorfer Straße hinaus aus dem Dorf, dorthin, wo neben dem Umspannwerk die Kistenfabrik lag. Er zog den grauen Berufsmantel an, und bei Arbeitsbeginn stand er oft genug an einer Kreissäge, an einem der beiden Gatter, wenn ein Arbeiter ausgefallen war. Dann setzte er sich an die Schreibarbeiten, wie er sagte, berechnete Lohnzettel, kontrollierte Rechnungen. Noch war ja alles überschaubar.

An manchen Tagen fuhr er mit dem Großvater und dem

Jungen zum Holzeinkauf. Den eleganten grünen Opel Kapitän hatten die Polen geholt und ehe die Russen kamen, an einen Baum gefahren. Also hatte man den kleineren Olympia wieder hergerichtet. Auf längeren Fahrten steuerte Heine-Karl das Auto, der ansonsten den alten Vomag fuhr, den man als Holzvergaser umgebaut hatte. Holz hatte man genug, und so fuhr der Vomag eben unabhängig von Benzinzuteilungen. So saßen sie also in dem Gefährt: der Vater und Heine-Karl auf den vorderen Sitzen und hinten der Junge und der Großvater. Man fuhr nicht allzu schnell, obwohl man die Straße fast für sich allein hatte. Nur manchmal begegnete einem ein Wismutauto und oft traf man den Bürgermeister mit seinem Opel P 4. Doch schon bald bog man von der Landstraße in einen Waldweg ab, wo man sich mit dem Förster traf und die bereits gefällten Stämme begutachtete, die für das Sägewerk vorgesehen waren. Anfangs ging dies alles noch nach den Gesetzen des Marktes: Mein Vater kaufte für Kisten-Walther, und der Förster führte das Geld an die Landesverwaltung ab oder an die privaten Waldbesitzer.

Doch auch das sollte sich bald ändern. Es gab nur noch Holzkontingente, für die man Obstkisten zu liefern hatte, aber in den ersten Jahren vor allem auch Kisten für die russische Demontage deutscher Betriebe. Der Junge erinnerte sich später daran, wie er an der Bahnlinie stand, von der ein kleiner Abzweig oder Anschluss in das Gelände des Sägewerkes führte, an der Bahnlinie von Zwönitz nach Bernsbach. Eines Tages fuhr auf dieser Strecke der letzte Zug. Die Gleise und Schwellen wurden herausgerissen, auch sie reisten nach Russland. Ob sie dort jemals wieder genutzt wurden, wusste niemand. Da stand er also an der Straße und sah, wie der Zug immer kleiner wurde, in dem Wald verschwand, der die Gleise dann über die Fuchsbrunnbrücke führte. Manchmal hatte er auf die

Lokomotive aufsteigen dürfen, wenn sie Holzwaggons brachte, diesmal zog sie zwei Personenwagen und einen Güterwagen, und der Großvater sagte: »Eigentlich hätten wir mitfahren müssen, das kommt nie wieder.«

Vieles kam nie wieder, auch nicht die Tage im Wald, wenn der Vater und der Großvater mit dem Förster die Stämme maßen und mit blauer Kreide bezeichneten. Er saß dann am Waldrand oder rannte hinüber zum Schatzenstein, wo man die Geister vermutete, die hier einen Schatz bewachten. Aber es gab keine Schatzhöhle, es gab keine Geister, der Großvater sagte: »Die haben sich verzogen, sonst müssen sie auch zur Wismut.« Auf diesen Fahrten saßen sie nach der Holzübernahme meist in einem kleinen Gasthaus in der Nähe des Auersberges. Hier trank der Großvater sein Bier, Vater und Sohn eine Limonade. Sie redeten mit dem Wirt, der den Kopf schüttelte, wenn sie davon erzählten, dass die alten Waldbesitzer nun enteignet wurden und der Wald an die Kleinbauern kam.

Er fuhr gern mit dem Vater in den Wald. Der Vater hatte ihn nie geschlagen, ein Wort der Strenge, das war schon viel, und wenn der Junge von der Mutter gelegentlich eine Ohrfeige bekam, dann schimpfte er mit der Mutter. Noch immer saßen die drei in dem Gasthaus und aßen ihr Vesperbrot, das ihnen die Mutter mitgegeben hatte. Der Vater ging dann nach draußen, und manchmal ging ihm der Junge nach und gab ihm die Hand. Der Vater strich ihm über das Haar. »Was wird nur aus uns einmal werden«, sagte er bei solcher Gelegenheit. Das war schon fast zu viel an Zärtlichkeit.

Stalin kommt ins Erzgebirge Eines Morgens sah der Junge, als er aus dem Hof trat, wie an der Straße, nur ein paar Meter von ihrem Haus entfernt, zwei Löcher gegraben wurden. Ein paar ältere Männer in Drillichjacken, die ihre Herkunft aus den Beständen der deutschen Wehrmacht nicht verbergen konnten, mühten sich mit dem steinigen Untergrund, ehe sie links und rechts der Straße eine hohe weißgestrichene Holzstange anbrachten. Dann lehnten sie eine Leiter an die schwankenden Masten und zogen ein weißes Band über die ganze Straßenbreite. In der Mitte des Bandes hing ein Bild. Es war ein Bild, wie der Junge schon wusste, des weisen Generalissimus Stalin, des Führers der Sowjetunion. Großvater kam aus dem Hof und schaute sich das »Bauwerk« an. Er fragte die beiden Arbeiter, was das denn bedeuten solle, und er bekam die Antwort, dass dies eine Ehrenpforte für den großen Stalin sei. »Kommt der hierher?«, fragte der Großvater. Die beiden Leute zuckten mit den Achseln, was wussten sie. Sie wussten nur, dass sie diese Ehrenpforte anzubringen hatten. Und der Großvater schüttelte den Kopf. Dem großen Stalin mit dem Schnurrbart, der eine Pfeife rauchte, wie man auf Bildern sah, dem würde der Junge noch öfters begegnen. »Den Schnurrbart hatte ich schon, da gab es den dort drüben noch gar nicht«, sagte der Großvater. Mit »dort drüben« meinte er das ferne Russenland. Mittlerweile sammelten sich ein paar Leute an der Ehrenpforte, und der Bäcker sagte: »Robert, hast du den da oben eingeladen?« Aber mein Großvater antwortete nicht.

Ja, dem großen Stalin sollte der Junge noch oft begegnen. Später, als er die Oberschule besuchte, gab es in der Aula Konferenzen der Jugendorganisation und für diese Konferenzen wählte man ein Präsidium. Da saßen dann der Direktor, der FDJ-Sekretär und ein paar ausgewählte Schüler, und ein Stuhl blieb frei. Der war für den Genossen Stalin reserviert, den man in das Ehrenpräsidium gewählt hatte. Er wagte es nicht, jemanden zu fragen, ob denn der Führer des Weltproletariats irgendwann einmal die weite Reise ins ferne Erzgebirge auf sich nehmen würde. Der saß ja im Kreml, wie es in einem Gedicht des Lesebuches hieß: Im Kreml brennt noch Licht, Väterchen Stalin schläft noch nicht. Als der Junge das mit dem freien Stuhl dem Großvater erzählte, meinte der: »Das wollen wir mal der Großmutter sagen, die soll auch mittags einen freien Stuhl an unseren Tisch stellen. Es kann ja sein, er kommt mal vorbei. Und da wird er müde sein von dem weiten Weg.«

Solche Witze durfte man aber nicht machen, denn es gab Leute, die meldeten das der Kommandantur. Da saß nicht mehr der freundliche Gardeleutnant, sondern ein dicker Hauptmann, der auch nicht mit dem Walther-Großvater Wodka trank. Der Hauptmann hatte nur mit den Anordnungen zur Reparation und zur Anwerbung für die SAG Wismut zu tun. Die Reparationen: Nicht nur die Eisenbahnschienen der Strecke Zwönitz – Bernsbach gingen in Kisten von Kisten-Walther nach Russland, auch die Maschinen von Mauser und von anderen Betrieben. Kisten-Walther, wie mein Großvater sagte, konnte sich also nicht beklagen. Man verdiente an diesem Ausverkauf, aber das sollte sich bald ändern.

Manchmal fuhr der Vater mit dem Jungen in das benachbarte Dorf, wo der Meister der kleinen Maschinenfabrik Jähn die Gatter immer wieder reparierte, wie ja überhaupt vieles nur durch geschickte Improvisation genutzt werden konnte. Es gab keine Originalersatzteile für die Nagelmaschinen, die einstmals aus dem Westen Deutschlands gekommen waren, aber die Monteure von Jähn schafften es immer wieder, das alte Gerät in Gang zu bringen.

Einer der Betriebe, Siemens & Halske, wurde nicht in Reparationskisten in den Osten geschickt. Jetzt erinnerte er sich, dass er mit dem Vater und einem Meister in der Fabrik gewesen war, dass dort die Maße für die Maschinen abgenommen wurden, und später die Kisten geliefert und die Maschinen verpackt – und wieder ausgepackt wurden. Großvater schimpfte gewaltig, was sollte man mit den Maßkisten machen, die nun die Russen nicht bezahlen wollten. Siemens & Halske war mit einem Teil seiner Produktion 1943 in die erzgebirgische Stadt verlagert worden, um den Bombenangriffen zu entgehen. Man arbeitete damals an einem Oszillographen für die Luftwaffe, der für den Flugzeugbau wichtig war. Aber wie so vieles in Hitlers Rüstungsindustrie nützte auch diese Entwicklung nichts mehr für den »Endsieg«. Siemens & Halske verfiel nicht der Reparation, man brauchte die deutschen Fachleute und Ingenieure. Aus Siemens & Halske wurde eine sowjetische Aktiengesellschaft unter wechselnden Namen, bis sie 1952 in ostdeutsche Hände überging und für lange Zeit der größte Betrieb in der Stadt blieb. Als dann Stalin nicht mehr über die Deutschen wachte, 1953 hatte man die Ehrenplätze für ihn in den Präsidien aufgegeben, die Ehrenpforte stand schon längst nicht mehr. So plötzlich wie sie gewachsen war, so plötzlich verschwand sie wieder. Nur gab es dafür gleich in der Nähe eine Schranke an der Dittersdorfer Straße, wie überhaupt an vielen Ausgangsstraßen, die ins engere Gebiet des Wismutbergbaus führten. Zunächst saßen da ein, zwei Russen, die gelangweilt die Ausweise der wenigen Autofahrer prüften, am späten Nachmittag wurde die Schranke herabgelassen, und dann blieb die Straße die ganze Nacht gesperrt. Aber die Dorfbewohner scherte das wenig, denn sie mussten ja zu ihren Scheunen und Feldern. Also wurde die Schranke gehoben, und man fuhr durch. Später übernahm diese Kontrolle die Wismut-Polizei.

Die Wismut war, wie die Leute sagten, ein Staat im Staate. Es gab Läden für die Wismutarbeiter, und es gab eigene Restaurants. Russisch schlich sich so in die deutsche Sprache ein. Die Läden der Wismut hießen Magazine, und die einzelnen Betriebe waren Objekte, und der Ausweis, den man brauchte, war ein Propusk. Selbst die Lastwagen, die das Erz transportierten, sie hießen Maschinen. An den Schächten gab es Losungen in kyrillischen Buchstaben. Klein-Russland nannte der Großvater unsere Gegend. Und überhaupt hatten die Russen eine besondere Neigung zu Spruchtafeln und Bildern. Die Schildermaler waren gesuchte Leute, denn überall gab es Losungen und Bilder von Leuten, die besondere Leistungen vollbracht hatten. Das waren sogenannte Stachanowarbeiter, aber bald hatte man auch einen hiesigen Schnell- und Vielarbeiter gefunden, Adolf Hennecke, der die Norm um zweihundert Prozent überbot. Was der Hennecke konnte, das konnte auch Frieda Hockauf in der fernen Lausitz. Sie betreute etliche Garnspindeln mehr als ihre Kolleginnen. Freilich, niemand nahm die Sache so recht ernst, und der Großvater sagte: »Wenn ich nur wüsste, wie ich auch ein Hennecke werden könnte?«

Der Gebhardt-Brun' Zu jener frühen Zeit des schönen Monats Mai gehört auch die Begegnung mit Gebhardt-Bruno. Es gab ja in diesem Dorf, wie auch anderswo, so etwas wie Originale, und der Maler Bruno Gebhardt, der mit seinem farbbeschmierten Fahrrad, an dem die Farbeimer hingen, jeden Tag durch den Ort lief, denn man sah ihn nie auf dem Fahrrad sitzen, er war nicht nur ein Original, er war, was immer wieder in den stillen, abgelegenen Gebirgsorten heranwuchs, ein Mensch, der wissen wollte, ob hinter den Bergen auch noch Menschen lebten. Warum der Junge das erste Mal in das Bauerngehöft gekommen war, wo der Brun', wie man im Dorf sagte, lebte, er wusste es nicht mehr genau. Vielleicht hing es mit dem Sammeln von Briefmarken zusammen, das ihn ebenso wie seine Schulkameraden plötzlich erfasste, wie sie auch begannen, Aquarien einzurichten. Und der Brun' galt bei den Dorfbewohnern für alles als Autorität. Er wurde ein bisschen belächelt, und ein bisschen bewundert wurde er auch. Bruno hatte im Krieg sein »Museum« verloren, die Ausstellung in der alten Waschbretter-Fabrik, der Raum wurde als Kindergarten gebraucht. So trug er alle seine Raritäten in die Baracke, die man ihm hinter einem Bauernhof aufgestellt hatte. Sozusagen als Entschädigung. Eine öffentliche Ausstellung war dort nicht möglich, nur eine Aufbewahrung.

Wenn man ihn besuchte, trat man in eine schmale Wohnküche, die Türen in zwei benachbarte Räume hatte, das Sammlungszimmer und das Wohnzimmer, das freilich auch ein Sammlungszimmer war. In der Wohnküche stand ein Tisch nahe dem Fenster, dort saß Bruno und als Gast wurde man auf das Sofa gebeten oder sagen wir besser: gesetzt. Bruno hatte auf dem Tisch ein Briefmarkenalbum ausgelegt, das er dem Jungen zeigte. Und der Junge wurde auch gleich eingewiesen, wie man Briefmarken ablöst. Eine Schüssel kam auf den Tisch, und der Junge fungierte als Helfer des Sammlers. Dafür gab es am Schluss ein paar Marken als Belohnung.

Aber der Junge kam nicht wegen dieser Belohnung hierher, sondern wegen der möglichen Blicke in die beiden Nachbarzimmer. Im sogenannten Wohnzimmer stand im Winter die Sammlung der Kakteen aus dem Gewächshaus unten im Garten, ein Eckschrank zeigte Muscheln und Korallen. Es gab einen großen Bücherschrank, in dem sich prächtige Bände befanden: ›Das Leben der Pflanzen‹ von Francé, Heinroths ›Aus dem Leben der Vögel‹, Kosmosbändchen von Bölsche und Floericke und vieles andere mehr. So erlebte man die Welt und die Natur en miniature. Und er saß mittendrin. Natürlich durfte er die Bücher nicht mit nach Hause nehmen, aber auf dem Tisch im nie geheizten Wohnzimmer war ein Platz, wo er sie durchblättern konnte. Bald bekam der Junge auch eine eigene naturwissenschaftliche Bibliothek. Die Bücher, Jahrgänge der Zeitschrift ›Kosmos‹, viele kleine Bände aus der Kosmos-Bücherei, Schmeils ›Pflanzen der Heimat‹ und etliche ornithologische Schriften, die er später dann vervollständigen sollte, kamen zu ihm. Die Witwe, der er sie verdankte, verschenkte einen Teil, einen anderen Teil konnte er kaufen, denn der Großvater gab dafür das Geld. Aber Brunos Museum war ja nicht nur der Tier- und Pflanzenwelt gewidmet, da standen Kästen mit Münzen aller Zeiten, es gab Alben und Kartons mit Briefmarken, alte

Zeitungen stapelten sich an den Wänden, und es gab allerlei Gerät. Bruno sammelte alles, er war der erste und einzige Polyhistor, den der Junge je kennenlernte. Alles Geld, was er als Stubenmaler verdiente, wurde, soweit es nicht der notwendigen Ernährung diente, in die Sammlungen gesteckt. Manchmal schickte er den Jungen zu einem Briefmarkenhändler im Nachbarort, um für ihn einige Marken zu erwerben. Er hoffte, dass der Händler angesichts des schmalen Jungen seine Preise etwas heruntersetzte, und er hoffte richtig. Für diese Läufer- und Händlerdienste bekam der Junge ein paar Briefmarken aus den riesigen Kartons, und einmal schenkte er ihm auch ein Büchlein, einen Auszug aus Müller-Marks berühmtem Briefmarken-Standardwerk ›Altdeutschland unter der Lupe‹.

Bruno besaß auch etliche alte Waffen bis hin zu Gewehren und Pistolen, deren Besitz jetzt nach dem Krieg durch die Besatzungsmacht strengstens verboten war. Deshalb hatte er in der Mitte der alten Baracke eine Grube angelegt, in der er die verbotenen Waffen versteckte. Einmal, jemand musste wohl den Russen davon erzählt haben, erschien der Gardeleutnant im Hof der Gebhardts und fragte nach dem »Museum«. Und Bruno zeigte ihm seine Gesteinssammlungen und die Korallen, er zeigte ihm auch die Schmetterlings- und Käferkästen, Münzen und Briefmarken zeigte er vorsichtshalber nicht. Der Gardeleutnant nahm seine Mütze ab und wischte sich über den dunklen Haarschopf: »Museum« murmelte er immer wieder und »charoscho«, und er kippte ein Glas von dem hochprozentigen Bergarbeiterschnaps, den ihm die Frau des Malers hingestellt hatte. »Charoscho«, sagte er noch einmal und verschwand. Als Bruno dies alles dem Jungen erzählte, huschte ein feines Lächeln über sein Gesicht. »Der Schnaps hat mich gerettet«, sagte er, und auch seine Frau lächelte. Sie hatte es nicht leicht, in dieser Museumswelt. Immer sah man sie im Dorf in dem gleichen grünen Wollmantel, den trug sie wohl schon einige Jahrzehnte. Und auch für die notwendigen Einkäufe gab Bruno nur ungern etwas aus der Geldbörse heraus. Diese Summen waren ja dann für seine Sammlungen verloren.

Eines Tages erlebte der Junge, wie der Friseur Öttel bei Bruno saß. Öttel war neben dem Prokuristen Rückert aus der Trommlerschen Schuhfabrik der berühmteste Briefmarkensammler im Ort. Ihm ging es zumeist um die alten Sachsen-Marken. Öttel bot Bruno für einen bestimmten Nummernstempel auf altdeutschen Sachsen-Marken, den Bruno wohl in drei oder vier Exemplaren besaß, hundert Mark. Der Junge sah, wie die Frau das Gespräch verfolgte. Hundert Mark, das wären ein Paar Schuhe gewesen, eine neue Schürze und für Bruno Socken und Hemden, die die alten, oftmals gestopften Kleidungsstücke hätten ersetzen können. Aber Bruno wendete die Marken hin und her, dann steckte er sie wieder in das Album und sagte: »Heute nicht, vielleicht später einmal.«

Dem Jungen zeigte er auch die berühmteste Sachsen-Marke, die Sachsen-Dreier, allerdings war es nur ein Nachdruck. Er behauptete freilich, man habe ihn als berühmten Sachsen-Sammler geholt, als im Postamt Eibenstock ein aufsehenerregender Fund gemacht wurde. Später erfuhr der Junge, dass sein Freund, der Maler und Sammler, ein bisschen geflunkert hatte, denn die Geschichte war zwar wahr, aber sie lag schon ein paar Jahrzehnte zurück. Und Bruno war nicht daran beteiligt. Immerhin, es war eine hübsche Geschichte.

Da hatte man doch in der zweiten Hälfte des 19. Jahrhunderts in dem kleinen erzgebirgischen Städtchen Eibenstock das Postamt renoviert, und dabei war man beim Ablösen der Tapeten auf einen ganzen Bogen der schon berühmten Sachsen Nr.1 gestoßen, der Sachsen-Dreier, die nur kurze Zeit im Verkehr gewesen war. Den wertlosen Briefmarkenbogen hatte man also zur Tapete gemacht, und als ein kleiner Händler aus Eibenstock den ziemlich lädierten Bogen nach Leipzig zu dem bekannten Händler Louis Senf brachte, lehnte der den Ankauf empört ab. Aber bald sollte sich ein Interessent finden, fünfhundert Mark gab der Wiener Briefmarkensammler Sigmund Friedl dafür, und der verkaufte an den Diplomaten von Ferrary für eintausend Mark weiter. Später ging der Bogen dann an einen Sammler in Amerika und schließlich bekam ihn der elsässische Tabakindustrielle Maurice Burrus. Aber die Reise der Sachsen-Dreier ging weiter. Der Schweizer Textil-Magnat Anderegg erwarb sie für 215.000 Mark, und um die Geschichte zu Ende zu bringen: 1971 tauchte der Bogen nochmals auf einer Auktion in Hamburg auf und brachte gut 280.000 Mark.

Aber was hatte Bruno mit dieser Geschichte zu tun? Er erzählte sie dem Jungen, als wäre er eines Tages nach Eibenstock gerufen worden, denn er war ja Dekorationsmaler und Sammler, und man habe ihn nun als Experten auf zwei Feldern gebeten, doch den Markenbogen abzulösen. »Und warum hast du ihn nicht gekauft?«, fragte der Junge. Aber da lächelte Bruno nur.

Ach, diese Briefmarken waren für lange Zeit eine wunderbare Welt der Phantasien. Der Junge war zum Sammler geworden, und auch ein bisschen zum Händler. Es gab ja in jenen ersten Nachkriegszeiten nur wenige Handelsgegenstände, die nicht mit dem unmittelbaren Lebenserfordernissen zusammenhingen, Bücher, Bilder und eben Briefmarken. Da auch die Freunde des Jungen das Vergnügen des Sammelns erkannt hatten, bestellte er Briefmarken bei Spiegels Markenhaus in Freiberg. Er wusste, dass Großvater bei den Einkäufen für seinen Laden Rabatt bekam, deshalb schrieb er an Herrn Spiegel einen Brief, dass er Rabatt haben wollte. Und Herr Spiegel antwortete ihm, dass er selbstverständlich einen Rabatt bekäme, wenn er für mehr als zwanzig Mark Rechnungswert kaufte. So achtete er nun darauf, dass er diesen Wert erreichte.

Ein besonderes Feld waren die Marken des Dritten Reiches, also die Ausgaben der Deutschen Post zwischen 1933 und 1945. Sie waren verboten, man durfte sie weder kaufen noch verkaufen, nicht tauschen, nicht ausstellen. Aber jeder Sammler hatte ein Album, in dem sich die »Hitlermarken« befanden. Sie waren ja für viele von ihnen leicht zugänglich, denn in den Hinterlassenschaften der Familien lagen die Briefe mit den Feldpostausgaben. Großmutter hatte sogar ein Buch, in dem sich noch ungestempelte Hitlermarken befanden. Alles wurde gesammelt. Aber während seine Freunde im Wesentlichen die deutschen Marken sammelten, kam er eines Tages dazu, die Marken von Island zu sammeln. Vielleicht wurde Island zu Robinsons Insel.

Aus den bunten Marken lebte der Traum, die ferne Welt zu sehen. Das also war es, was den Jungen in die ärmliche Wohnung zog und auch in die Sammlerstube des Dekorationsmalers. So verging der Sommer und der Herbst kam. Und die Welt hatte sich verändert.

Erzählen, erzählen Nun nahm er also des Morgens wieder seine Schultasche, die der Lauckner-Beutler, ein Freund des Großvaters, aus echtem Leder genäht hatte und ging die wenigen Schritte hinüber in die Schule. Am Bach wartete er auf seinen Freund, der den Weg vom Bauernhof herunterkam. Gerhard hatte in seinem Ranzen zumeist drei oder vier oder fünf Äpfel, die er blankgeputzt auf seine Schulbank legte. Und dann setzte er sich in die Bank und die Freunde drängten sich um ihn. Er hatte ja nicht nur die Äpfel als Geschenk zu bieten, sondern vor allem Geschichten, die er aus der Lektüre von Heftchen bezog. Noch ein anderer Junge besaß die hundert Hefte: ›Karl Stülpner und Johannes Karaseck, die verwegenen Wildschützen der sächsisch-böhmischen Grenzwälder und Gräfin Charlotte Kielmannsegge, die Geliebte Napoleons. Historischer Roman aus wildbewegter Zeit von Guido von Fels‹ stand da auf dem Titelblatt. Später, als erwachsener Mann, kaufte er sich in einem Antiquariat die hundert Hefte mit den herrlichen Bildern, die der Bauernjunge damals zeigte. Gleich im ersten Heft ein junges Mädchen mit Haube in den Armen eines jungen Mannes. Und dazu die Bildunterschrift: »Marie, Marie, du liebst einen Wildschützen?«, ruft jubelnd Karl Stülpner. Ja, die Geschichten von Stülpner hatten wir schon gehört, aber nun erfuhren wir auch von Johannes Karaseck, dem Räuber, der als Tischler begann. Ach, jeden Morgen zehn Minuten in die erzgebirgischen Wälder der Phantasie.

Aber des einen Erzählers Vorrangstellung ließ andere Jungen nicht ruhen: Einer hatte auf dem Boden die Hefte von Sun Koh, dem Rächer der Enterbten gefunden, und Glück, oh Glück, der Junge las die ersten Bände von Karl May. Ein Nachbar, der wohl an die sechzig Bücher im Regal stehen hatte, borgte sie ihm. Er wunderte sich, dass ein Drittklässler die dicken Bände in Angriff nahm, aber er wusste nicht, dass der Junge schon im vergangenen Winter das ganze Realienbuch vom Großvater gelesen hatte. Nun gehörte auch er zu den gesuchten Erzählern der Klasse. Und es entstand so etwas wie ein Wettstreit: Wer hat die meisten Zuhörer? Der Junge konnte sich nicht beklagen: Old Shatterhand schlug Sun Koh und Karl Stülpner aus dem Feld.

So begann also ein Schultag mit den Erzählungen aus der weiten Welt, freilich zumeist einer Welt der Phantasie.

Noch ein neuer Lehrer Die Wirklichkeit sah anders aus. Etliche Neulehrer stießen noch dazu, einer, der erst im Herbst an die Schule kam, würde sie bis in die achte Klasse begleiten. Er kam wie so viele junge Leute aus dem Krieg. Nur wenige Jahre älter als die großen Schüler, hatte er keine Berufsausbildung, die Eltern hofften, ihn in eine Beamtenstellung zu bringen. Ein paar Wochen saß er auch im Gemeindeamt bei Selig-Paul, doch das Bürokratenleben sagte ihm nicht zu. Also meldete er sich schnell zu einem Kurs für Neulehrer und kam nun als Schulamtsanwärter wieder in die Schule zurück. Er war von Anfang an eine Autorität und gewann sofort die Sympathien der Schüler. Damals, so erinnert sich der Junge von einst, ging eines Morgens die Tür auf und der schmale, dünne Schulleiter kam mit einem jungen Mann mit dunklem Haar herein. Er sagte ein paar Sätze über den neuen Lehrer, dass er Freick heiße und ihn wohl einige von uns kennen würden. Dann ließ er den Lehrer mit uns allein. Wir saßen still, mucksmäuschenstill, alle warteten, was da kommen würde. Der neue Lehrer erzählte vom Krieg, wie man ihn eingezogen hatte und wie er Glück hatte, gesund wieder nach Hause zu kommen. Und er fragte die Schüler, ob ihre Väter aus dem Krieg, aus der Gefangenschaft zurück waren. Einige antworteten, dass der Vater gefallen war oder vermisst sei. Die Zeit verging wie im Flug.

So wurde er also ihr Lehrer. Er kümmerte sich aber nicht

nur um die Unterrichtsstunden, was eigentlich hatten wir damals bei ihm: Deutsch? Geschichte? Merkwürdigerweise wusste der Junge später nicht mehr, worum es denn in den einzelnen Stunden ging, aber er wusste noch, dass der Unterricht das eine, die Ideen und Pläne das andere waren. Handwerkliche Fähigkeiten wurden in dieser Nachkriegszeit gebraucht, und da die Väter fehlten, die den Kindern den Umgang mit Hammer und Nagel beibrachten, machte es der Lehrer. Da es an Material und Werkzeug für den Werkunterricht fehlte, hatte er die Idee, einen Kalender mit Linolschnittblättern zu fertigen und zu verkaufen. Ein Stück Linoleum, das lag überall herum, und von irgendwoher beschaffte er die Messer für den Linolschnitt und die Farbe, mit der die Vorlagen eingefärbt wurden. Einer aus der Klasse brachte eine alte Wäschemangel mit, die mühsam in die Schule transportiert wurde. Die Blätter mussten gezeichnet und geschnitten werden, dann wurde gedruckt. Das Titelblatt zeichnete Freick selbst, er war eben ein begabter Mann. Der Kalender wurde verkauft an die Eltern, an die Leute im Ort. Mit dem Geld konnten Werkzeuge für den Werkunterricht beschafft werden, Holz gab es kostenlos von Kisten-Walther. Manchmal brachte er die Gitarre mit, und wir lernten Lieder, neue und alte: »Diese Welt muss anders werden« und »Wir sind die junge Garde«, aber auch »An der Saale hellem Strande« und »Es zogen drei Burschen …«

Die Welt, die unsere Eltern mit Hunger und Sorgen plagte, für uns Kinder war sie etwas Neues. Wir waren bald alle davon überzeugt, dass dieser Monat Mai ein Glück gewesen war, ob wir nun in Holzpantinen als Umsiedlerkinder durch das Dorf liefen oder als Bauernjungen. Es sollte Gerechtigkeit sein, hieß es in den Verlautbarungen. So erlebten wir sie in den Schulstunden des jungen Lehrers, und selbst des Großvaters ironische Kommentare, wo denn die Gerechtigkeit bliebe, wenn man unschuldige Menschen nach Mühlberg ins Russengefängnis brächte, sie konnten den neuen Glauben des Jungen nicht so recht erschüttern. Ja, es war ein neuer Glaube, der da aufkam. Gottlos ist diese Welt, sagte die Großmutter, und wie es schien, war diese neue Welt tatsächlich gottlos. Aber war sie denn gerecht?

Einige Jahre später, als der Junge die achte Klasse beendete, sollte er zur Oberschule gehen, denn es gab ein neues Schulsystem, die achtklassige Volksschule und die sogenannte Erweiterte Oberschule. Die alten Begriffe von Realschule und Gymnasium hatte man abgeschafft. Man konnte sich nicht mehr für die Oberschule melden, man wurde delegiert. So wurde auch der Junge delegiert, aber die Leute, die im Kreisamt über die Delegierungen befanden, sie wiesen ihn zurück. Der Junge gehörte zwar in seiner Schule zu den drei besten Schülern des Jahrgangs, er war der Vorsitzende der Jungen Pioniere, die man gerade gegründet hatte, aber er war auch der Sohn eines Kapitalisten, wie man sagte. Er war also kein Arbeiter- und Bauernkind, obwohl sein Vater jeden Tag an den Maschinen stand, wie andere Arbeiter auch. Das Bildungsmonopol der herrschenden Klasse musste gebrochen werden, wie der Kommunist Erbe sagte, den die Mutter fragte, warum man denn ihren Jungen für die Oberschule abgelehnt hatte. »Herrschende Klasse«, sagte der Großvater, »sie wissen nicht, wovon sie reden, herrschende Klasse sind wir schon lange nicht mehr, waren wir es jemals?«

Und so sollte der Junge eine Lehre als Werkzeugmacher beginnen. Im Messgerätewerk, einstmals Siemens & Halske, bestand er eine Eignungsprüfung, feilte einen Hammerkopf, zog ein paar Linien auf einer technischen Zeichnung. Aber sein Lehrer war nicht einverstanden mit dem Verdikt der Kreiskommission. Er hatte dort gesagt, was kann der Junge für seine Eltern, und er beharrte auf der Delegierung. Er hatte wohl auch gesagt: Marx kam ja auch nicht aus einer Arbeiterfamilie, und Engels blieb lebenslang ein Kapitalist, und vielleicht waren es diese Tatsachen, die die Kommission in die Enge trieben. Hier bei uns hätten Marx und Engels auch keine Oberschulen besuchen dürfen, sagte er. Und damit man den unbequemen Mahner loswurde, gab es nachträglich eine Zulassung für den Jungen. »Gerechtigkeit setzt sich nicht von alleine durch«, sagte der Lehrer. »Man muss kämpfen.« Das liebte er überhaupt, dieses Wort »kämpfen«, und er erklärte sehr gern, dass das Leben immer Klassenkampf sei. Ob der Junge damals alles verstand, was da gesagt wurde, es ist ungewiss. Aber die Gerechtigkeit, die ihm entgegenkam, das blieb ihm unvergessen, auch als er auf die Oberschule ging. Freilich, der Lehrer, dem er da in den ersten Jahren seiner Kindheit begegnet war, er sollte es nicht leicht haben in der Gesellschaft, für die er stritt. Er war zu unbequem, und so zog er von Station zu Station, war Lehrer hier und Direktor dort und lebte doch immer weiter in seiner Zuversicht, dass es eine bessere Welt würde geben müssen.

Nochmals Familiengeschichte Noch einmal müssen wir zurückblicken, denn wir haben ja die Geschichte der Familie, die aus dem kleinen Dittersdorf in das kleine Kühnhaide zog, nur in ein paar Bildern gezeichnet, die bis in jenen Mai 1945 führten. Manches davon ist einfach vergessen, wie aus dem Kleinunternehmen ein größeres Unternehmen wurde. Oder war das so, wie es überall war? Mein Großvater kaufte ein paar Kleinproduzenten auf, die es im Dorf gab, die Waschbretter herstellten und Kisten. Und die ehemaligen Besitzer dieser Kleinunternehmen wurden nun Arbeiter. Hatte Marx doch Recht mit dem »Absinken ins Proletariat«? Vielleicht hatte er Recht, aber trotz Ausbeutung und Ausbeutern existierte so etwas wie eine Dorfgemeinschaft in Vereinen und Gesellschaften. Zum Turnverein gehörten die Walther-Söhne und die Walther-Arbeiter, und im Gesangverein sang, wer eine Stimme hatte oder dachte, dass er eine habe. In die Bachschänke kamen am Sonntag die Fabrikanten der Stadt mit ihren Frauen und Kindern zum Kaffeetrinken. Der Onkel, der sie betrieb, war stolz darauf, dass er neben den heimischen Bieren auch als einzige Gaststätte echtes Kulmbacher ausschenkte. Der Großvater war mittlerweile aus der alten Antonmühle auf den Berg gezogen, wo er ein Wohnhaus neben der Kistenfabrik hatte bauen lassen. Manchmal kam der OGL zu Besuch, dem bot Großvater eine Flasche Bier an, die er dankend annahm. Und dann redeten sie vom Endsieg, an den sie gegen Ende des Krieges ja beide nicht mehr glaubten. Man dachte schon ein wenig an die Zeit, die danach kommen würde. Und der Großvater sagte zum Ortsgruppenleiter, dass er immer mal einen guten Buchhalter brauchen könne. Und der Ortsgruppenleiter nickte, er hatte verstanden.

Für uns Enkelkinder gab es im Lauf des Jahres zwei Rituale: Am ersten Weihnachtstag besuchten wir den Walther-Großvater draußen auf dem Berg und im Mai gab es die Geburtstagsfeier des Vaters, zu der seine Brüder kamen und ihre Kinder auch. Die Walther-Großmutter war sehr früh verstorben. Er erinnerte sich noch an die fleißige Frau, die ihm immer etwas zusteckte, die dann in jenem Jahr 1945 lange im Bett lag, Krebs, sagten die Erwachsenen, und sie starb auch bald. Nun war der Großvater allein, aber es dauerte nicht lange, da hatte er eine Freundin, eine Frau, deren Mann im Krieg geblieben war. Sie war Buchhalterin in der Möbelfabrik, und sie gehörte nun zu ihm.

Weihnachten wollten die Kommunisten auch abschaffen, wie die Großmutter sagte, sie nannten es Lichterfest, aber für das Dorf und seine Bewohner blieb Weihnachten eben Weihnachten. In jenen Jahren, wenn man sich zu Weihnachten traf oder an Geburtstagsfeiern, gab es ein Hauptthema: Wie wird es weitergehen? Kurz nach dem Krieg schwebte auch über dem Walther-Unternehmen das Damoklesschwert der Enteignung. Großvater und Vater sammelten Briefe, in denen bestätigt wurde, dass sie die »Fremdarbeiter« und die »Kriegsgefangenen« anständig behandelt hatten. Auch versuchte man zu beweisen, dass die Produktion in jenen Jahren durchaus nicht nur der Wehrmacht gedient hatte, was freilich nur schwer zu beweisen war. Denn alles diente ja damals Hitlers Krieg. Also waren sie Mitläufer, wie man das im Westen nannte, alle waren ja plötzlich Mitläufer geworden.

Nun, man bestand oder überstand diese Überprüfungen. Einmal kam sogar eine Kommission aus dem Kreis, und während die Schuhfabrik und die Strumpffabriken enteignet wurden, blieben die Holzbearbeitungswerke davon verschont. Später gab es im Betrieb eine Gewerkschaft und eine Gruppe der neuen Einheitspartei. Aber der Betriebssekretär der neuen Einheitspartei war nicht gerade ein großes Kirchenlicht, wie der Vater zu sagen pflegte. Er musste nur bei guter Laune gehalten werden. Bei den Betriebsvergnügen, die nun nicht mehr Kameradschaftsabende hießen, spielte er das Akkordeon und trank die Schnäpse, die ihm der Großvater spendierte.

Was würde werden, hieß also die Frage, die auch hieß, wie kommen wir durch diese Zeiten? Davon redete man, während man die Erdbeerbowle trank und die Würstchen aß und ein bisschen feierte.

Hexen und Geister Aber es gab nicht nur die neue Zeit, sondern auch die alte Zeit, Aberglaube, wie der neue Lehrer sagte, der ihn beschäftigte, denn man begegnete ihm Tag für Tag in den Gesprächen der Dorfbewohner. Sein Freund, der Bauernjunge, hatte ein ganzes Repertoire, aus dem er berichtete, wie er Hexen und Geister gesehen hatte. Und da der Junge nicht ohne Hexenerlebnisse bleiben wollte, erfand er auch einige Geschichten von dem Feuerschweif, den er am Himmel gesehen habe. Es gab ein paar kleine Häuser im Dorf, um die machte man einen großen Bogen, denn dort vermutete man Hexen. Der neue Lehrer versuchte ihnen den Aberglauben auszutreiben, aber wenn man ihm auch in vielem Glauben schenkte, hier glaubte man ihm nicht, denn sie hatten ja alle schon einmal die Hexen aus dem Schornstein fahren sehen, mit Feuerschweif und schrecklichem Pfeifen.

Einmal musste der Junge vom Großvater einen Topf zu einer der als Hexe verschrienen alten Frauen bringen. Er hatte sich erst geweigert, aber der Großvater ließ sich auf keine Diskussion ein: »Geh«, sagte er, »das ist alles Unsinn, es gibt in Wirklichkeit keine Hexen.« Es konnte ja sein, dass sie für die Erwachsenen nicht sichtbar waren, dachte der Junge, aber seine Freunde, sie hatten sie schon oft gesehen. Er ging also, klopfte an die Tür, die sich nach kurzer Zeit öffnete, und die Hexe trat heraus. Der Junge wich einen Schritt zurück, die Hexe lachte freundlich, aber das machten Hexen wohl so. Sie griff nach dem Topf, aber der Junge ließ ihn vor Angst fallen. Sie hatte ja nur scheinbar nach dem Topf gegriffen, in Wirklichkeit wollte sie ihn am Handgelenk fassen und ins Haus ziehen. Er versuchte wegzurennen, aber seine Beine versagten. Er stand noch immer, als die Hexe ins Haus verschwunden war, wieder herauskam und auf ihn zutrat. Nun würde sie ihn also in den Stall sperren, aber sie drückte ihm nur ein Geldstück in die Hand. Er murmelte etwas, denn er wollte kein Geld von der Hexe, doch plötzlich bewegten sich seine Beine wieder. Er rannte hinüber zur Straße, er rannte den Fußsteig hinab, bis er im Haus von Großvater und Großmutter angekommen war. Dann ließ er das Geldstück fallen, die Großmutter sagte: »Junge, du siehst aber blass aus«, und sie nahm das Geldstück und steckte es in die Sparbüchse. »Vielleicht«, dachte der Junge, »vielleicht verwandelt sich jetzt alles in der Sparbüchse in Gold«, aber dieses Wunder blieb aus. Freilich konnte er jetzt seinen Freunden erzählen, dass er bei der Hexe gewesen war, dass sie ihn in einen Stall sperren wollte und er nur mit Mühe davongekommen war. »Ich bin noch einmal davongekommen«, dachte er.

So tanzten die Hexen und Geister durch seine Kindheit, und überall fand er ihre Zeichen. Wenn eine Nachbarin am Heiligen Abend Nadeln borgte, dann sagte die Großmutter, »das ist eine von des Teufels Gespielinnen«. Die Großmutter liebte das Unheimliche, das Geheimnisvolle. Auch ihr Christentum war von vielen Geistern begleitet. Mit dem Großvater konnte sie darüber nicht reden, er hatte nur eine abfällige Handbewegung dafür übrig. So war das Leben in den verschiedenen Gemeinschaften, denen sie anhing, ihr eigentliches Leben. Gern hätte sie den Jungen in ihre heiligen Dienste genommen, aber der begann an manchen Wahrheiten zu zweifeln. Dabei ging er noch immer in den Kindergottesdienst. Er besuchte im Gemeindehaus neben der Kirche den Religionsunterricht. Dorthin schickte ihn die Mutter, obwohl die Großmutter murmelte, in der Kirche gäbe es den rechten Glauben nicht mehr.

Eine Schwester im Geiste war die Frau des Teichert-Friseurs. Wenn Olga Teichert in den Laden kam, dann waren die beiden Frauen in ihrem Element. Sie erzählten sich ihre jüngsten spirituellen Erlebnisse: Großmutter war in der Evangelisationswoche gewesen, und der Prediger aus dem fernen Leipzig hatte gezeigt, wie und wo der Teufel sein Unwesen trieb. Wenn vom Teufel die Rede war, dann blieb auch der Junge im Laden. Mit einem Löffel schöpfte er sich ein paar Schluck aus dem großen Heißgetränktopf, einer Art Ersatzlimonade, die man kalt, aber auch warm trinken konnte. Bei solcher Gelegenheit sah es die Großmutter nicht, denn sie war ganz im Gespräch mit Olga versunken, die wiederum zu berichten hatte, wie in einer kleinen Kirche im Gebirge die Lorenzianer ihr Unwesen trieben. Das war nun doch wohl die geheimnisvollste Sekte. Angeblich waren sie allesamt nicht verheiratet, aber die Frauen hatten Kinder, und dass es dazu kam, hing wohl mit der dunklen Kirche zusammen. Aber das erfuhr der Junge erst viel später, dieses »Engelhaschen«, wie die Leute behaupteten. Dunkle Kleider, die dunkle Kirche, der Junge vergaß, seinen Löffel mit dem Heißgetränk zu heben und das Getränk lief über den Ladentisch. Die Großmutter gebot ihm daraufhin, den Laden zu verlassen. Doch hörte er noch, wie sie wieder in das Gespräch über den Prediger aus dem fernen Leipzig einlenkte und ihrer Freundin sagte: »Und jeder muss seine Reise selbst bestimmen. Das hat er gesagt.« Das blieb ihm in Erinnerung. Was sollte es bedeuten: »Jeder muss seine Reise selbst bestimmen«? Wohin wollte die Großmutter reisen, die ja das Haus, den Laden nie verließ? Es würde eine ganze Zeit dauern, ehe er verstand, was es hieß, seine Reise selbst zu bestimmen.

Aber zunächst einmal reiste er mit der Großmutter von Kirche zu Kirche: Manchmal gingen sie zu den Adventisten, dann in die Landeskirchliche Gemeinschaft, die Missionswochen der Methodisten wurden nicht ausgelassen, und er saß immer dabei. Er verstand vieles nicht, aber er spürte, dass die Leute, denen er hier begegnete, Ruhe und Frieden ausstrahlten, und das gefiel ihm nicht schlecht, da er doch in der Schule von den vergangenen Kriegen und den künftigen Klassenkämpfen hörte. Im Grunde waren ihm Frieden und Ruhe lieber als die Kriege und Gefechte, aber das gab er nicht zu. Ach ja, es gab auch noch die »Bibelforscher«, wie sie Großvater nannte, die schickten ihre Boten unentwegt in das Haus der Großmutter. Bald komme der Weltuntergang, behaupteten sie, darauf müsse man sich vorbereiten. Der Großvater sagte, wenn sie gegangen waren: »Den Weltuntergang verschieben die von Woche zu Woche. Freilich, wenn es nur solche Leute gäbe, dann käme der Weltuntergang recht schnell.« Und die Großmutter schimpfte mit dem Großvater und meinte, dass man jedem selbst überlassen müsse, nach seiner Fasson selig zu werden.

So liefen sie also von Sonntag zu Sonntag in die Kirchen der Umgebung, und gab es einmal keine Missionswoche, dann wurde im »Laden missioniert«, wie der Großvater sagte.

Und die neue Zeit kam mit kräftigen Schritten: Der Vater, der bisher immer im blauen Berufsmantel an der Kreissäge oder am Schreibpult gesessen hatte, er sollte plötzlich ein Kapitalist sein, der die Arbeiter ausbeutete? So jedenfalls erfuhr der Junge es aus den neuen Schulbüchern. Nur der junge Lehrer, den sie alle verehrten, er sagte, das sei zwar objektiv so, aber subjektiv könne man das auch anders sehen. Und das verstand der Junge nicht. Aber er verstand vieles nicht, auch nicht, weshalb die Großmutter sich unentwegt mit Besuchern umgab. Großvater zog sich dann oft ins Bienenhaus zurück oder in die Werkstatt. Er wusste, dass die Besucher aus ganz verständlichen materiellen Gründen kamen, und er verübelte es ihnen nicht. Aber sollte er seine Zeit dafür opfern?

Großmutters Gäste Fast an jedem Sonntag saßen Gäste am Tisch. War es der Ziegenschmorbraten, der mit dem Schweinebraten wechselweise die Sonntagsmahlzeit krönte, der die Gäste in Großmutters Wohnzimmer zog? Oder waren es vielleicht die Pakete mit Kuchen und Eiern, die als Wegzehrung mitgegeben wurden? Die Gäste waren nämlich arme Vögel, besonders das Ehepaar Müller. Hochgewachsene Leute, ein wenig dünn und ausgemergelt, waren sie, wie es bei Heine heißt, die sieben mageren Jahre des Pharao in persona. Der Mann kam im schwarzen abgewetzten Rock, der an den Knopfleisten glänzte, die Frau trug ein dunkles Kleid, das die Jahre, die es schon getragen wurde, nicht verbergen konnte.

Die beiden waren einst begüterte Leute gewesen. Lange vor dem Krieg hatte Otto Müller in der Nachbarstadt ein Bankgeschäft besessen. Aus diesen Frühzeiten kannten Großmutter und Großvater die ehemaligen Bankiers. Den Erzählungen nach war es nur ein kleines örtliches Unternehmen gewesen, aber die Nachbarstadt hatte etliche große Strumpffabriken, die ihre Geldgeschäfte über Müllers Bankhaus abwickelten. Doch die Inflation brachte nicht nur einige Fabrikanten in den Konkurs, sondern auch Müllers Bank. Seither verdiente er sich gelegentlich ein paar Mark als Buchhalter oder Geldverwalter, und Schmalhans war im Hause Müller Küchenmeister. Als nun nach dem Krieg auch die Rentengelder der beiden Leute verschwunden waren, lebten sie von Freitisch zu Freitisch wie arme Studenten.

Müllers kamen jeden zweiten Sonntag, der dünne alte Mann schlug sich dabei den Bauch voll, als wolle er wie ein Wiederkäuer seine ganze Wochenration aufnehmen, und die alte Dame brachte eine Blechbüchse mit, in der sie die Knochen und Knöchelchen ebenso aufnahm wie ein paar Eier, die meine Großmutter freigiebig verschenkte. Aber den Jungen interessierte nicht, was sie aßen, sondern was sie mitbrachten. Das Unglück hatte sie nicht nur in ihrem Geldgeschäft getroffen, sondern in jener fernen Zeit war auch der einzige Sohn gestorben. Der hatte eine ordentliche Bibliothek besessen, die Stück für Stück, Sonntag für Sonntag in unser Haus wanderte: Hans Grimm ›Volk ohne Raum‹ und Casanovas Memoiren, Floericke ›Die Vögel des deutschen Waldes‹ und Georg Stehli ›Mikroskopie für jedermann‹. Es war eine hübsche Mischung aus unterschiedlichen Wissensgebieten, die den Interessenlagen des Jungen entsprach, denn der hatte seine robinsonschen Neigungen eigentlich längst in Richtung der Naturwissenschaften verlassen. Und während er noch vor einem halben Jahr mit dem Opernglas der Mutter in die Ferne geguckt hatte, um ein imaginäres Segelschiff zu entdecken, befriedigte er nun mit dem Glas seine Interessen an der heimischen Vogelwelt. Auch als Robinson konnte es ja nichts schaden, naturwissenschaftlich gebildet zu sein. Deshalb waren die alten Müllers bei dem Jungen beliebt, auch wenn sie den ganzen Sonntag das Sofa frequentierten.

Andere Gäste waren bei dem Jungen nicht so beliebt: Das waren die Kretzschmars aus Chemnitz. Auch sie hatten einst bessere Zeiten gesehen, der alte Herr Kretzschmar trug noch immer seine guten Wollstoffanzüge, über die Weste lief die schwere goldene Uhrkette, und die

Taschenuhr war eine sogenannte Repetieruhr, das heißt, sie klingelte, wenn sie die Stundenzeit anzeigte. Frau Kretzschmar brachte als Gastgeschenk immer ein kleines Büchlein mit, das sie in Papier gewickelt hatte, das einen Duft von Mottenkugeln ausstrahlte. Überhaupt fand der Junge, dass die beiden ziemlich nach Mottenkugeln rochen. Freilich, der Wollanzug und das grüne Kleid, das Frau Kretzschmar trug, sie wurden auch die meiste Zeit im Kleiderschrank bewahrt. Aber das interessierte ihn nicht so sehr wie das kleine Päckchen, das nie am Beginn ihres Besuches übergeben wurde, sondern irgendwann im Laufe des Vormittags, ehe das Mittagessen nahte. Das Päckchen enthielt ein Buch, doch entsprach es im Gegensatz zu den Müllerschen Gaben nie dem Geschmack des Jungen. Trotzdem hoffte er bei jedem Besuch, es sei diesmal nicht ein Max-Jungnickel-Büchlein oder Johannes Schlaf oder Richard Voß. Und stets von neuem musste er seine Enttäuschung verbergen und ein wenig Vergnügen über die Gabe heucheln. Immer lag eine Karte bei, die auch nach Mottenkugeln roch und »dem guten Jungen eine schöne Schulzeit« wünschte. Nun ja, er nahm diese Wünsche hin in der Hoffnung, dass am nächsten Sonntag die alten Müllers kommen würden und da wusste er, dass auch die Buchgeschenke seinen Vorstellungen entsprachen.

Einmal fuhr er mit der Großmutter zu Besuch zu den Müllers, und er sah den Bücherschrank, dessen Schätze ihm Stück für Stück zugeführt wurden, und er sah ein vierbändiges Lexikon, das er nicht mehr aus der Hand legte, während Großmutter die Welt- und Himmelsläufe mit den Müllers beredete. Als der alte Müller merkte, was das Lexikon dem Jungen bedeutete, sagte er, dass sie es verkaufen wollten. Die Großmutter meinte, nun, der Junge hat ja auch Geburtstag, und das verstanden die Müllers.

Ein paar Monate später fand er es auf seinem Geburtstagstisch.

Der interessanteste Besucher von Großmutter war Onkel August, der ohne Voranmeldung auftauchte und auch nicht wegen des Sonntagsbratens kam. Er war, wenn man es verwandtschaftlich genau nahm, der Neffe meines Großvaters und der Sohn des verlorenen Bruders, wie Großvater immer zu sagen pflegte. Sein Bruder war nämlich um die Jahrhundertwende der Langeweile in den Strumpffabriken ihrer Heimatstadt entwichen und hatte ein Hotel in Südafrika eröffnet. Der Großvater zeigte manchmal eine Zeichnung dieses Hotels, das dem Jungen so recht in seine Robinsonwelt passte, denn es bestand aus einigen Palmenhütten und einem etwas größeren Gebäude aus Wellblech. Es lag nicht weit von Kapstadt entfernt, und hier war auch August geboren, der dann in den zwanziger Jahren nach Europa zurückkam. Großvater hielt August für einen Faulenzer, denn seit er wieder in Deutschland war, verbrachte er seine Zeit mit Gelegenheitsarbeiten. Eine Zeit lang war er ein wandernder Handelsmann, der auf dem Rücken einen Kasten trug, in dem er Nähnadeln, Bürsten, Kämme hatte, die er in den Bauerndörfern des Erzgebirges verkaufte. Später verdingte er sich als Diener, mit gefälschten Empfehlungen, wie er freimütig zugab, bei einem alten Oberst, dem er die Stiefel putzte und dessen Kognakflaschen er leerte.

Augusts Erzählungen waren etwas Besonderes. Während Vater und Mutter die Köpfe schüttelten, fand ihn der Junge wunderbar. Er hatte ja die ersten zwanzig Jahre seines Lebens in Afrika verbracht. Seine Mutter war nach einem oder zwei Jahren wieder nach Deutschland zurückgekehrt, sie konnte sich an die Verhältnisse nicht gewöhnen. August wuchs also zwischen Schwarzen auf, die als Dienstleute im Hotel arbeiteten, während sein Vater vom frühen Morgen bis zum späten Abend im Schaukelstuhl auf der Veranda saß, wenn ihn nicht irgendein bedeutendes Ereignis für kurze Zeit aus dieser Lebensstellung brachte. August erzählte, wie er in der Familie des schwarzen Hausmeisters gelebt hatte, wie er mit siebzehn seinen ersten Löwen erlegt hatte, wie er sich in den Jahren des Ersten Weltkrieges vor Herero-Trupps versteckte, die nach Südwestafrika gezogen waren, das schon in den ersten Kriegstagen kapituliert hatte. Vor allem erzählte er von einer Goldmine, die sein Vater ausbeuten wollte. Doch das Unternehmen scheiterte daran, dass die Mine nicht zu seines Vaters Schaukelstuhl herbeirollte.

Ach, August konnte stundenlang erzählen, freilich musste man ihm einige Flaschen Bier zur Seite stellen, denn das Erzählen, wie er sagte, trocknete die Kehle aus. Ob die Geschichten, die er in lässiger Manier, mit lächelndem Gesicht erzählte, während er auf der Bank im Garten saß, tatsächlich geschehen waren oder ob sie erst auf die Erwartungen des Jungen hin entstanden, man wusste es nicht genau. Der Großvater schüttelte den Kopf, wenn ihn der Junge fragte, ob denn Augusts Erzählungen der Wahrheit entsprachen. »Nein, nein«, sagte er, »August hat zu viel Phantasie. Er hat seinen eigenen Schaukelstuhl, von dem aus er die Welt sieht.« Aber obwohl August nie ein Geschenk mitbrachte, nicht einmal ein Blümchen für Großmutter, er blieb für den Jungen der liebste Gast aus dem Reigen, die an Großmutters Mittagstisch Einkehr zu halten pflegten.

Vielleicht aber war der Liebling auch Onkel Palermo, wie ihn Großvater nannte, der jüngste Bruder des Vaters, der als Oberleutnant der Luftwaffe in Sizilien gewesen war. Dort gehörte er zur Luftabwehr, und noch im Krieg brachte er dem Jungen ein Heft über die Stadt Palermo mit. Die Bilder blieben ihm unvergesslich, bis er als erwachsener Mann selbst nach Palermo kam. Den Normannenpalast, die Kathedrale, den Berg am Meer, er sah alles wie in jenem Heft. Nichts schien sich geändert zu haben. In der Nähe dieser Stadt war die Einheit des Onkels lange stationiert, ehe sie durch ganz Italien ins Großdeutsche Reich zurückgetrieben wurde. In das Großdeutsche Reich, das immer kleiner wurde.

Aber Onkel Palermo war dem Jungen nicht nur als schneidiger Offizier in Erinnerung, sondern auch als großer Pflanzenkenner. Er ging nach dem Krieg an eine Universität, um Pharmazie zu studieren. Wenn er zu Besuch aus Greifswald kam, wo er studierte in diesen ersten Jahren, dann nahm er den Jungen mit auf seine botanischen Wanderungen ins Tal nahe der Kistenfabrik, wo damals noch die Himmelschlüssel ganze Wiesen überfluteten und unter den Bäumen am Steinbruchrand die Maiglöckchen standen. Es gab blaue Glockenblumen und den roten Mohn, der von den Feldern herüberwehte. Margeriten besetzten die Wegränder und im Herbst blühte Arnika, die sich im Wind wiegte. Ein Blumenparadies, Onkel Palermo wusste daraus Sträuße zu binden, die er den Frauen der Familie ins Haus brachte. Auch Großmutter liebte ihn, wenn er ihr einen bunten Wiesenstrauß überreichte.

Der Junge bewunderte die Kenntnisse von Onkel Palermo und so entschloss er sich, für kurze Zeit Apotheker oder Botaniker zu werden. Um seine Kenntnisse zu zeigen, suchte er die verschiedenen Wiesengräser, ordnete sie nach Arten in alte Gurkengläser, beschriftete kleine Karten mit dem lateinischen und dem deutschen Namen und die Gläser wurden dann auf dem Ladentisch bei Großmutter gestellt, die es kopfschüttelnd geschehen ließ. Freilich, die Kunden in Robert Hübners Laden waren nicht so recht vom Bildungswert der Ausstellung zu überzeugen. Sie warfen nur einen schnellen Blick auf die Galerie, hörten sich wohl oder übel die Rede der Großmutter an, die sagte, dass es sich um eine botanische Ausstellung ihres Enkelsohns handelte. Aber Onkel Palermo lobte die Unternehmung des Jungen und schenkte ihm ein dickes Kompendium der Pflanzen des Erzgebirges, damit ließ sich nun die ganze heimische Flora benennen.

Doch wir sind ein wenig abgekommen von Großmutters Gästeliste, die mit Onkel Palermo noch immer nicht zu Ende war. Auch Tante Liesel, die im vorletzten Kriegsjahr aus Wien in das erzgebirgische Dorf gekommen war, wurde gelegentlich bewirtet. Der Junge hörte der Tante gern zu, ihr österreichischer Akzent gefiel ihm. Es war so etwas Freundliches, Gemütliches in dieser Sprache, und als er den Großvater einmal fragte, warum denn die Tante so anders sprach, sagte der, dass die Leute dort so redeten, wie sie lebten. »Sie denken mehr an Palatschinken und Wein«, sagte der Großvater, »nicht an Kanonen, sondern bestenfalls an Gulaschkanonen.« Und die kannte der Junge noch aus den Kriegstagen, wenn eine Kompanie über die Dorfstraße zog.

Der alte Milchmann und andere Dorfgeschichten

Noch immer schien das Dorfleben kaum verändert, auch wenn zu Festtagen ein paar neue Fahnen am Gemeindeamt und an der Schule flatterten. Noch immer gab es die alte Geselligkeit der Nachbarschaft, man besuchte sich und redete miteinander. Manchmal, an den langen und kalten Winterabenden, kam einer der Nachbarn zu Großvater. In den fernsehlosen Zeiten war der abendliche Nachbarschaftsbesuch eine Gelegenheit, die Tagesereignisse ebenso zu bereden wie die Weltgeschichte. Der kleine Mann, der eine gestärkte blaue Männerschürze trug und im Mundwinkel eine kurze Pfeife hielt, setzte sich auf den Stuhl, der nahe dem Küchenherd stand und eröffnete das Gespräch immer mit den gleichen Worten: »Ach Robert, was sind das nur für Zeiten.« Mein Großvater erwiderte nichts. Der alte Milchmann des Dorfes, Emil Altkirchner, nannte sich selbst den »kleinen Emil«, denn sein Sohn war größer gewachsen und hieß deshalb der »große Emil«. Aber jetzt, kurz nach dem Krieg war der große Emil in russischer Gefangenschaft, und der kleine Emil musste das Geschäft allein betreiben. Und er war nicht nur ein guter Geschäftsmann, sondern auch ein Geschichtenerzähler, dem der Junge gern zuhörte.

»Robert«, sagte er, »es war noch vor dem Krieg, du wirst dich erinnern, da fuhr ich mit dem Milchwagen jeden Freitag nach Aue. Es war eine lange Tour, fast anderthalb Stunden hin und die gleiche Zeit zurück. Aber ich hatte dort eine gute Kundschaft. Die Frau von Fabrikant Wellner, draußen an der Schneeberger Straße, sagte immer, wenn ich die Glocke läuten ließ und sie mit dem Dienstmädchen kam: ›Schön, dass Sie wieder da sind, Herr Emil, nirgendwo ist die Butter so gut wie bei Ihnen!‹ Und dabei kaufte sie sonst in dem Feinkostgeschäft von Fisch-Matthes ein. Ich war wirklich beliebt wegen meiner reellen Ware und auch wegen meiner guten Preise. Frau Wellner legte immer noch ein Fünfzigpfennigstück dazu und sagte, ›das ist für das Pferdefutter‹. Ich zog die Mütze und bedankte mich.«

Der Großvater hatte die Geschichte schon oft gehört, auch der Junge kannte sie mittlerweile. Aber es war ein Vergnügen, dem kleinen Mann zuzuhören, denn er war ein begabter Erzähler, der seinen Geschichten immer wieder neue Wendungen gab. Etwa, wenn Emil den Landstreicher davonjagte, der Frau Wellner belästigte oder wenn das Dienstmädchen ihm ganz verstohlen einen Brief zusteckte. Der war an den großen Emil gerichtet, der dem Dienstmädchen gut gefiel. Eine heile Welt stand hier in Bildern und Geschichten auf, eine heile Welt? Bald musste Emil seinen Pferdewagen in der Nebenstraße abstellen, denn auf der Hauptstraße marschierten die braunen Kolonnen. Und dann kam der Krieg, da wurden Milch und Butter rationiert, wenngleich Emil manchmal noch für Frau Wellner ein paar Stückchen »freie Butter« bei seinen Lieferanten holte. So also verwandelte sich die heile Welt.

Nun war der Krieg vorüber, eine andere Zeit zog am Horizont auf, die sich auch in ihr erzgebirgisches Dorf bewegte. Solange Großvater denken konnte, wie er sagte, gab es in dem Tausend-Einwohner-Dorf zwölf Läden oder Lädchen, die zumeist nebenbei betrieben wurden. Nebenan lebte der alte Decker-Emil, der sein Arbeitsleben als Dachdecker verbracht hatte, während seine Frau einen kleinen Gemischtwarenladen betrieb. Krummer-Linda und Oeser-Emma wetteiferten um die Käufer von Bier und Limonade, von Zigarren und Zigaretten, aber was heißt wetteifern, jede der beiden alten Frauen, die nur fünfzig oder hundert Meter voneinander entfernt lebten, hatte ihren Kundenstamm. Zu Oeser-Emma ging der Junge, um für den Großvater gelegentlich eine Flasche Bier zu holen, und er ging deshalb gern dorthin, weil Emma in ihrem Wohnzimmer einen Glasschrank stehen hatte, der alte Porzellane, Gläser, gefärbte Federn und alle möglichen anderen Kuriositäten enthielt. Und dieses bunte Panoptikum durfte er bei jedem seiner Einkaufsbesuche besichtigen. Emma meinte gelegentlich, wenn sie mal nicht mehr sei, was der Junge nicht so recht verstand, dann sollte er den Schrank samt Inhalt erben. Aber als Emma dann tatsächlich nicht mehr war, und der Junge schon in die Oberschule ging, da wurde das Geschirr weggeworfen und der schöne alte Schrank verschwand. An die blaue Pfauenfeder und das Glas mit der Ansicht von Karlsbad würde er sich ein Leben lang erinnern, ja, seine eigene Sammlung von Bildertassen hatte hier ihren Ursprung.

Während Großmutter ihre Weltanschauung aus den verschiedenen spirituellen Erfahrungen bezog, kam Großvaters Weltkenntnis aus anderen Quellen. Er war ein Leser wie auch der Walther-Großvater auf dem Berg. Man muss sich ein Winterbild dieser Lesezeit malen: Da stand nicht weit von dem Sägespäneofen ein großer viereckiger Tisch, an dem die ganze Familie zu essen pflegte. Nachdem das Abendbrot abgeräumt war, wischte die Großmutter die linoleumbedeckte Platte ab und man zündete die Gaslampe an. Es gab oft Stromsperre, aber sie waren nicht davon abhängig, dass der Strom kam oder ging, sie hatten die Gaslampe, die der Großvater pflegte.

Großvaters wichtigste Postille war die ›Leipziger Bienenzeitung‹, denn im hinteren Winkel des Gartens stand ein Bienenhaus mit sechs Bienenstöcken. Sie gehörten auch zu Großvaters Menagerie. Die Bienenzucht war umstritten, denn Vater konnte es nicht leiden, wenn er am Sonntagvormittag für ein Stündchen im Garten saß und die Bienen ihn umschwärmten.

Andererseits wurde der Honig, den Großvater aus den Waben in der selbstgebauten Schleuder produzierte, als das wichtigste Heil- und Stärkungsmittel in der Familie angesehen. Husten und Schnupfen: Honigmilch. Kopfschmerzen: ein Löffel Honig, Müdigkeit im Frühling, Sommer, Herbst und Winter: Honigtee. Natürlich verstand es die Großmutter, den Honig mit der Ziegenmilch zu verbinden. Sie war also die eifrigste Befürworterin von Großvaters Imkerei. Der las die ›Leipziger Bienenzeitung‹, in der über neue Bienenstöcke, über das Auswechseln von Königinnen und die Zucht gut tragender Völker berichtet wurde. »Es ist wie im richtigen Leben«, sagte der Großvater, »es gibt Drohnen, die nicht arbeiten, es gibt die Arbeiterinnen, die uns alle ernähren und es gibt eine Königin, die sorgt dafür, dass alles weitergeht.« Wenn der Junge dagegenhielt, dass man doch keine Königin mehr habe, so meinte der Großvater: »Das scheint nur so, die kann auch einen ganz anderen Namen haben.«

So kam man also im Gespräch über die Bienen wieder ins Gespräch über die wirkliche Welt, die sich veränderte. Es dauerte nicht lange, schon Wochen nach dem Mai des Jahres 1945 hatten sich die Dorfgewalten verändert: Der alte Bürgermeister hatte einen Unterschlupf bei einem Elektriker als Buchhalter gefunden. Im Gemeindeamt regierte nun unser Nachbar, der Selig-Paul. Er hatte zwei Gesellen, wie er zu sagen pflegte, oder Mitarbeiter. Einer davon, Kurt Kupfer, war schon immer im Gemeindeamt, er kannte alle alten Akten, er kannte auch alle Vorgänge, die keinen Eingang in Akten gefunden hatten. Er wusste, wie die Besitzverhältnisse im Dorf waren, und ohne ihn hätte es Paul schwer gehabt. Dann gab es noch Erwin Brockmöller. Der Kriegsinvalide hatte nur ein Bein und eine Prothese, die er an- und abschnallen konnte. Das faszinierte den Jungen. Meistens war er schlecht gelaunt. Vielleicht dachte dies nur der Junge, wenn ihn Brockmöller anfuhr, weil er im Gemeindeamt nicht gleich sein Begehr nannte. Denn der Junge staunte über die hohen Schränke mit den dicken Aktenordnern. Er schaute auch auf die offene Tür, aus der Rauchschwaden herauszogen. Dort saß Selig-Paul und versuchte aus Nichts Gold zu machen, wie er seine Tätigkeit nannte. Er sollte die Bauern auffordern, höhere Erträge abzuliefern, aber auf ihre Wünsche nach Düngemittel konnte er nur auf spätere Zeiten verweisen. Er sollte Wohnungen schaffen, aber es gab nicht ein einziges neues Haus, und die Bauern kannten etliche Tricks, um sich vor Einquartierungen zu schützen. Er sollte schließlich Mitglieder für die wieder zugelassenen Parteien werben, aber konnte er als alter SPD-Genosse plötzlich seine Antipathie überwinden und für die Kommunisten werben? So wischte er all diese schriftlichen Aufforderungen beiseite, die dann Kurt Kupfer in entsprechende Ordner aufnahm, und rief seine Freunde an, den Hengstbauer, den ehemaligen Bürgermeister und meinen Sägewerksgroßvater. Er rief sie zum Skatspiel in den Dorfgasthof, der wieder geöffnet hatte. Im Gasthof wurde nicht nur Skat gespielt, sondern es wurde auch geredet über das Dorf, die Welt, die Politik.

Wie der Walther-Großvater ins Gefängnis kam Mein Sägewerksgroßvater war ein Mensch, der gern einen Witz machte. Das sollte ihm nicht gerade gut bekommen. Da saß nämlich in Meischners Gasthof an einem anderen Tisch der Polizist Schlauhahn. Obwohl Großvater wusste, dass mit diesem Polizisten nicht gut Kirschen essen war, machte er gern seine Witze mit dem stets in schneidiger Uniform auftretenden Ordnungshüter. Selbst wenn ihn der Bürgermeister unter dem Spieltisch gegen das Schienbein trat, ließ er sich nicht davon abbringen, die Amtsgewalt lächerlich zu machen. »Oskar«, sagte er, »hast du schon in der Zeitung gelesen: Es soll jetzt so sein, dass nur noch zwei Polizisten gemeinsam auf Streife gehen. Der eine kann lesen, der andere kann schreiben.« Da erhob sich Oskar Schlauhahn, warf einen bösen Blick auf Großvater, zahlte sein Bier und ging.

Einmal ging diese Fopperei schief, denn natürlich machte Polizeileutnant Oskar Schlauhahn von solchen Vorkommnissen eine Meldung an das Polizeiamt in der Kreisstadt. Und dort informierten sich eines Tages ein paar Leute in Ledermänteln über den Großvater. Man wusste ja längst, dass der Großvater in der Dorfkneipe seine Witze machte, aber da er schon an die siebzig war, ließ man ihn in Ruhe, bis man ein solches »Delikt«, wie Schlauhahn es nannte, gut brauchen konnte. Und die Zeit dazu war gekommen. Es gab ja neben den neuen sogenannten volkseigenen Betrieben noch immer Fabriken, die ihren alten

Besitzern gehörten. Die Walther-Familie hatte gleich nach dem Krieg das Unternehmen neu geordnet und geteilt, die Holzwerke samt Kistenfabrik am Umspannwerk gehörten nun einem Onkel und dem Vater des Jungen. Die Möbelfabrik wurde von zwei anderen Söhnen des Patriarchen betrieben. Der Alte aber, wie er genannt wurde, war an beiden Unternehmen beteiligt und bekam eine jährliche Abfindung, die sich am Umsatz orientierte und nicht am Gewinn. »Wovon soll ich leben«, sagte der Walther-Großvater, »wenn es keinen Gewinn gibt? Nein, nein, ich bin nur bereit, diesen Vertrag zu unterschreiben, wenn er mir ein Entgelt im Verhältnis zum Umsatz bietet.« Der Junge erinnerte sich, wie die Söhne auf den Alten schimpften, aber es kam schließlich so, wie er es gewollt hatte.

Doch trotz dieser neuen Gesellschaftsform des Unternehmens blieb der Betrieb als Privatunternehmen in jeder Hinsicht benachteiligt. Die Zuteilung an Kraftstoffen war geringer als bei den volkseigenen Betrieben. Nun gut, man hatte ein Pferdegespann für die Holztransporte und den schon genannten Holzvergaser, mit dem man Kisten und Bretter zu den Kunden transportieren konnte. Es gab auch keine neuen Maschinen oder Ersatzteile, aber die alten Sägegatter wurden immer wieder repariert und schafften ihr Pensum. Der Privatbetrieb konnte gut mit dem neuen volkseigenen Sägewerk konkurrieren, auch dann noch, als man die Produktionsziffern hochsetzte. »Doch das Private passt einigen dieser neuen Leute nicht«, meinte der Walther-Großvater. So überlegten die Regierenden, wie sie den Privatsektor der Industrie beschneiden konnten. Da kam man auf die Idee der halbstaatlichen Betriebe. Man wollte die Initiative der Privaten nutzen, aber die Gewinne einstreichen, also wurden die Privatbetriebe aufgefordert, doch staatliche Beteiligungen aufzunehmen. Mein Großvater weigerte sich.

»Wozu soll ich eine solche Beteiligung aufnehmen? Maschinen kann ich auch dann nicht kaufen«, sagte der Großvater. Doch da hatte er die Rechnung ohne den Wirt gemacht. Als die Vertreter der staatlichen Bank, die dieses Angebot unterbreitet hatten, unverrichteter Dinge wieder abziehen mussten, suchte man nach anderen Möglichkeiten. Und eines schönen Maitages kam der Vater des Jungen schon am Vormittag aus dem Betrieb nach Hause und sprach aufgeregt mit Mutter und dem anderen Großvater: Den Alten haben sie heute früh geholt, hörte der Junge und das hieß: Der Walther-Großvater war verhaftet worden. Der Vater suchte den alten Rechtsanwalt Zinn auf, und der versprach sich zu informieren. Schon am nächsten Tag wusste man, dass der Großvater in der Untersuchungshaftanstalt Schloss Osterstein in Zwickau einsaß. Nach seiner Rückkehr würde er sagen: »Keine schlechte Adresse, da saßen schon August Bebel und Karl May.« Meine Mutter schüttelte nur den Kopf, wenn sie den Alten so reden hörte und meinte, der wird bald wieder dort sitzen. Aber zunächst einmal erfuhr man, dass er einsaß wegen staatsfeindlicher Propaganda, wie Rechtsanwalt Zinn erfahren hatte. Was war das?

Großvater hatte wieder einmal im Gasthaus einen Witz gemacht, angeblich sollte er gesagt haben, dass Walter Ulbricht sein Gemüse von der grünen Woche in Westberlin bezog. Und Oskar Schlauhahn, der wie immer am Nachbartisch saß, wenn die Skatbrüder ihre Runden klopften, schrieb sich die Sache ins kleine blaue Notizbuch. Als die schon genannten Herren in den Ledermänteln bei ihm am Abend anklopften und ihre Ausweise zeigten, holte er das kleine blaue Buch heraus, denn er war nach dem Verhalten des alten Fabrikbesitzers Max Walther gefragt worden. So kam also die Sache in das Kreisratsamt, der Staatsanwalt wurde verständigt und die beiden Herren fuhren nun wieder ins Dorf, um dem Walther-Großvater seine vorläufige Verhaftung mitzuteilen. Großvater packte ein paar Socken, Unterhosen und die Tabakspfeife ein, die man ihm jedoch bei der Einlieferung in Schloss Osterstein abnahm.

Bald wusste Rechtsanwalt Zinn zu berichten, dass es scheinbar gar nicht um den Witz ging, denn der Staatsanwalt hatte ihn wissen lassen, dass man diese Entgleisung durchaus vergessen könne, wenn der Großvater seine staatstreue Gesinnung auf andere Weise zeigen würde. »Soll er bei der Wismut arbeiten?«, hatte der Rechtsanwalt gefragt. Der Staatsanwalt hatte den Kopf geschüttelt: »Wir stecken doch keine siebzigjährigen Leute ins Bergwerk. Aber es zeigt sich doch, dass dieser Unternehmer die Betreuung des Staates gut gebrauchen könnte.« Nun wusste Rechtsanwalt Zinn, was die Glocke geschlagen hatte, und er verabschiedete sich erst einmal. Den Söhnen offerierte er dann seine Meinung: »Meine Herren«, sagte er, »Sie müssen eine staatliche Beteiligung für Ihren Betrieb beantragen. Dann wird sich wohl die Entlassung des alten Herrn ermöglichen.« Und so kam es denn auch: Man vereinbarte eine staatliche Beteiligung, und da der Großvater für etliche Unterschriftsleistungen gebraucht wurde, kam nach gut zehn Tagen an einem Morgen ein Polizist in Großvaters Zelle und bedeutete ihm, dass er entlassen sei. Die Söhne holten ihn dann mit dem kleinen Opel Olympia ab. Als der Junge ihn wiedersah, saß er auf seinem Sofa, hatte die Tabakspfeife in der Hand. »Die wollten sie mir erst gar nicht wieder herausgeben«, sagte er. Auf die Frage des Jungen, wie es denn im Gefängnis gewesen sei, meinte er: »Mein Junge, merk dir das, es ist gut, wenn man auch diese Erfahrung gemacht hat. Es kann einem dann so leicht nichts mehr überraschen.« Als er der Mutter das erzählte, weil er es nicht verstanden hatte, sagte sie: »Der

Großvater ist ein Phantast und ein Philosoph«, und das verstand der Junge nun erst recht nicht. Aber das Ende der Geschichte war, dass der Betrieb »halbstaatlich« wurde. Es gab eine heftige Debatte über die Höhe der staatlichen Beteiligung, doch Großvater und seine Söhne setzten sich durch, die Beteiligung betrug nur ein paar Prozent. Großvater erklärte, er wäre auch nochmals ins Gefängnis gegangen, wenn die – damit meinte er die Leute der staatlichen Bank – ihn zu mehr Prozent gezwungen hätten. Aber das war geprotzt, meinte meine Mutter. »Der hätte doch nur ungern nochmals auf seine Tabakspfeife verzichtet.« Sie gehörte zu ihm wie ein Körperteil. Als er etwa zu dieser Zeit einmal mit seinen Enkeln an die Ostsee fuhr, weil dort Onkel Palermo eine Apotheke übernommen hatte, legte er die Tabakspfeife selbst dann nicht ab, wenn er in Badehose einige Schritte in die Ostsee machte.

So hatte also der Großvater seine Tabakspfeife wieder und das Unternehmen war jetzt halbstaatlich, was der Vater damit kommentierte: »Nun werden uns die Gewinne nicht mehr weggesteuert, denn der Staat will ja auch seinen Gewinn. Und wir bekommen unseren auch.« Er war also gar nicht unzufrieden. Freilich blieb es nur eine Galgenfrist, denn ein paar Jahre später würde aus dem halbstaatlichen ein ganz staatlicher Betrieb werden.

Für eine Textilfabrik irgendwo in Sachsen hatte sich der Staat einen Komplementär gesucht, der einer Blockpartei angehörte und nun in einem Artikel, den das ›Neue Deutschland‹ druckte, mitteilte, dass er den Staat gebeten habe, doch den ganzen Betrieb zu übernehmen, da er den Halbkapitalismus für verwerflich und unproduktiv halte. Der Vater schüttelte nur den Kopf, als er das las, und der Großvater sagte: »Entweder ist der Mann verrückt oder gekauft.«

Und der Vater setzte hinzu, vermutlich treffe beides zu.

Pioniere, Pioniere Großvater sagte: »Was soll das sein, Kinderland? Pommerland ist abgebrannt.« Manchmal verstand der Junge den Großvater nicht. Aber der räsonierte schon weiter: »Da bist du also um das Jungvolk herumgekommen und nun sollst du ins Kinderland gehen? Es wiederholt sich alles.« Es war so, dass in der Schule ihr junger Lehrer davon erzählt hatte, dass man nach dem Unterricht gemeinsam Lieder singen könnte, Spiele machen und Wandern gehen. Da wir den Lehrer liebten, waren wir von solcher Zukunft angetan. Kinderland hieß das Programm, das aber schon ein paar Jahre später, wenn er in seinem Ausweis nachguckte, am 13.12.1948 in die Jungen Pioniere umbenannt wurde. Aus den freiwilligen Spielen wurde eine Organisation, was man auch daran ersah, dass sie als Pioniere ein blaues Halstuch trugen. Erst schämte er sich ein bisschen, wie ein Mädchen mit einem Tuch um den Hals herumzulaufen, aber dann gefiel ihm das Spiel ganz gut. Er wurde sogar der Chef aller Pioniere in der kleinen Dorfschule, das nannte sich Vorsitzender des Freundschaftsrates, und alle Pioniere mussten am Appelltag vor ihm strammstehen.

Wie er zu diesem Amt gekommen war, wusste er später nicht mehr. So wurde er Vorsitzender, und jede Woche einmal traf er sich mit anderen Mitgliedern des Freundschaftsrates, und sie berieten, was man denn so machen könne. Sie saßen um den kleinen Tisch im Pionierzimmer, und eigentlich wussten sie nie so recht, was sie denn beraten sollten. Der Junge stützte den Kopf mit der Hand, so machte es der Vater, wenn er über den Lohnlisten saß, und fragte: »Hat jemand einen Vorschlag?« Aber auch den drei oder vier anderen Jungen oder Mädchen fiel nichts ein, bis der Pionierleiter in die stumme Debatte eingriff und sagte: »Wir könnten doch mal ein Geländespiel machen, die Bolschewiken kämpfen gegen die Weißen in Russland nach der Revolution.«

Alles sollte russisch werden in jenen Jahren, und ein alter Kommunist sagte zum Großvater: »Es wird Zeit, dass wir beantragen, eine Sowjetrepublik zu werden.« Der Großvater erwiderte: »Das wird aber eine schwere Zeit für dich, du kannst doch kein Wort Russisch, und Russisch reden die in allen Sowjetrepubliken.« Aber mit der Sowjetrepublik wurde es nichts. Der alte Kommunist kam ein paar Wochen oder Monate später wieder zu meinem Großvater und sagte: »Robert, vergiss das mal mit der Sowjetrepublik. Das ist nicht gewünscht, das ist von Stalin nicht vorgesehen.« Und Großvater meinte: »Da hast du aber Glück gehabt, nun musst du kein Russisch lernen.«

Freilich mussten wir in der Schule Russisch lernen, ab der fünften Klasse war Russisch Pflichtfach, nur wurden aus uns keine rechten Russisch-Sprecher. Mal wechselten die Lehrer, mal fehlten die Bücher, und überhaupt erschien den Schülern Russisch mit den kyrillischen Buchstaben eine merkwürdige Sprache. Im Freundschaftsrat befasste man sich mit der Notwendigkeit den Russisch-Unterricht zu verbessern, wie es hieß, aber dieser Punkt stand recht oft auf der Tagesordnung. Ansonsten blieb es beim Geländespiel zwischen Rot und Weiß und das hieß wohl Schwarz und Weiß. Alles Westliche war suspekt.

Eines Tages wurde der Beschluss gefasst, die Schulspeisung aus den Gaben der Quäker in den USA abzuschaffen. Nach dem Krieg gab es zunächst auch in der russischen Zone ein Programm für Schulspeisung, und die Mahlzeiten wurde im Gasthof Meischner gekocht. Nicht alles schmeckte, denn es gab gesalzenen Maisbrei, den wir nicht gewohnt waren, aber dafür aßen wir die Puddingsuppe gern. Doch eines Tages kam von »oben«, wie der Großvater sagte, die Weisung, doch die Schulspeisung der Quäker nicht mehr anzunehmen, denn die Sachen kamen ja aus dem kapitalistischen Amerika. Der Freundschaftsrat beschloss deshalb, einen Brief an die Schulleitung zu richten, sie nicht weiter mit den amerikanischen milden Gaben zu beköstigen. Sie wollten die Kornfelder nach Ähren ablesen und Kartoffeln suchen, damit man die Schulspeisung aus heimischen Produkten organisieren konnte.

Natürlich hatte ihnen der Pionierleiter diesen Beschluss vorgeschlagen, aber dass man nicht mehr den salzigen Maisbrei essen sollte, fand der Junge so schlecht nicht. Und Kartoffelstoppeln, das waren sie ja längst gewöhnt. Freilich, hier hatte er eine Sonderstellung: Wenn er mit dem Sack und der Hacke kam, um die gewünschten Restkartoffeln zu »stoppeln«, wie man sagte, da meinte Bach-Emma: »Ach, das musst du nicht, nimm dir nur ein paar Kartoffeln vom Wagen, du hilfst ja auch unserem Enkel Theo bei den Schularbeiten.« Davon erzählte er natürlich nichts zu Hause und auch nichts in den Sitzungen des Freundschaftsrates.

Manchmal las man gemeinsam ein Buch, das gefiel ihm, und er würde nie vergessen, wie er einen Band in die Hand bekam, auf dessen farbigem Umschlag ein alter, bärtiger Mann an einem Mikroskop saß, dahinter sah man ein Fenster mit blühenden Apfelbäumen. Der Mann war Mitschurin, dem es gelungen war, auch in kalten und bergigen Gegenden der Sowjetunion Obstbäume mit großen Erträgen zu züchten. Aber nicht alle mochten Mitschurin. Einer seiner Schulfreunde sagte: »Mitschurin hat festgestellt, dass die Marmelade Fett enthält, und drum gibt's in diesem Staate statt Butter Marmelade.« Diese »Volksdichtung« fand der Junge ein bisschen albern, obwohl es manchmal keine Butter gab.

Doch wenn er es heute recht bedenkt, die ganze Organisation, die Pläne, die Ämter, es war so etwas wie ein schöner Schein. Einmal lasen sie allesamt ein Buch des russischen Schriftstellers Arkadi Gaidar, es hieß ›Timur und sein Trupp‹. Da halfen die Pioniere in der Sowjetunion alten Leuten beim Einkauf, schleppten Taschen und Kohleneimer. Das wollten sie nun auch machen. Der Junge stellte sich mit seinem Freund an den Konsum, in den sich Emil Deckers Laden mittlerweile verwandelt hatte, und sie warteten, bis eine alte Frau aus dem Laden kam. Aber Oberhenner-Emma schimpfte gewaltig auf sie, als sie ihr die Tasche tragen wollten: »Ihr Lausejungen«, sagte sie in der Mundart, die man hier sprach, »was wollt ihr mit meiner Tasche? Timur, was ist denn das für neumodisches Zeug. Ich trage meine Tasche selber.« Die erste Aktion war gescheitert.

Später versuchten sie es noch einmal, als die alte Neubert einen kleinen Handwagen mit Kartoffeln über die Dorfstraße zog. Als sie wieder einmal den Wagen anhielt und die Deichsel hoch stellte, rannten der Junge und sein Freund hin und sagten: »Wir sind Pioniere und helfen alten Leuten!« Dann spannten sie sich vor den Wagen und begannen loszulaufen. Aber die alte Frau hatte nichts verstanden von dem Spruch, sie stand zunächst fassungslos dabei. Dann hob sie die Hände über den Kopf und schrie: »Hilfe, Hilfe, Diebe!« und wackelte hinter den Jungen und dem Wagen her. Zum Glück stand an der Schulstraße gerade Lehrer Müller, und der belehrte die alte Frau: »Die wollen Ihnen helfen, liebe Frau Neubert. Sie sollen den schweren Wagen nicht allein ziehen.« Und die Neubertsche, die ein bisschen geizig war, fragte: »Und wollen die auch Geld dafür?« »Selbstverständlich nicht«, sagte Lehrer Müller, »das ist eine Timuraktion.« Das verstand die alte Frau nicht, nur dass es nichts kostete. Also lief sie langsam auf dem Fußsteig den beiden Jungen nach, die den Wagen bis an ihr kleines Haus zogen. »Wie heißt das?«, fragte sie nochmals. »Timur heißt das.« »Na ja, meinetwegen heißt es eben Timur. Was ist denn das für ein Name?«, fragte sie, und die Jungen sagten, das sei russisch. Da schüttelte die alte Neubert den Kopf noch mehr und meinte: »Alles wird russisch.« Und nachdem sie noch ein paarmal den alten Leuten die Taschen entrissen hatten, wie der Großvater ein wenig ironisch sagte, wurden sie mit einer Fahne bedacht, die ein Mann vom Kreis in die Schule brachte. Großvater sagte, da er ihm von dem Vorgang berichtete: »Bist also nun eine Respektsperson.« Nun, es war nicht schlecht, wenn manche der Bauernjungen auf diese Weise ein bisschen Respekt vor ihm hatten und es nicht mehr wagten, ihn wegen seiner alten Dreiviertelhosen zu hänseln. Als er am Ende des Schuljahres dann die Dorfschule verließ, um auf die höhere Schule zu gehen, bekam er eine Urkunde und das Buch ›Der Rat der Götter‹. Das war ein Buch nach einem Film, gemeint waren mit dem Rat der Götter die Kapitalisten. Großvater guckte sich das Buch an und sagte: »Da hast du das richtige Buch, mein Junge, für die kommenden Zeiten brauchst du den Rat der Götter.« Obwohl er diese Bemerkung nicht so recht verstand, erschien es dem Jungen schon wünschenswert, einen Rat der Götter zu haben, der ihn bei seinem Gang in die Oberschule ein wenig unterstützte.

Gorki Doch noch ehe er das erste Mal von dem Bahnhof, der unten an der Mulde lag, hinauf auf den Zeller Berg stieg, wo das große graue Gebäude des alten Gymnasiums nun die neue Oberschule beherbergte, fand er an einem Nachmittag in einer Kiste mit Büchern, die ein Berliner Ingenieur im Haus zurückgelassen hatte, drei broschierte Bände, die auf schlechtem Papier gedruckt waren und auf dem Titel das Bild eines Mannes mit gewaltigem Schnurrbart und großem Hut zeigten. Der Autor war Maxim Gorki und die drei Bücher hießen: ›Meine Kindheit‹, ›Unter fremden Menschen‹ und ›Meine Universitäten‹. Obwohl er Großmutters Abneigung gegen russische Bücher kannte, las er an mehreren Tagen die drei Bände, die ihm nicht nur eine andere Welt eröffneten, sondern auch seine Welt der Literatur erweiterten.

Ach, was war das für ein Leben in dieser Kellerwohnung in Nishni Nowgorod, das nunmehr Gorki hieß, wo der Autor in tiefer Armut aufwuchs. Was musste er nicht alles machen, um sich Brot, aber auch Geld für Bücher zu verdienen: Schuhverkäufer und Nachtwächter, Landarbeiter und Fischer. Es war ein Landstreicherdasein, und seine Universitäten, das waren die Quartiere der Armut. Der Vagabund wurde schließlich ein Dichter. In diesen Büchern erzählte Gorki die Geschichte seiner Kindheit und Jugend. Zum ersten Mal erlebte der Junge einen elementaren Erzähler, der Menschen und Landschaften beschrieb und den Aufbruch eines jungen Menschen, der

»sich und der ganzen Erde einen kräftigen Stoß versetzen wollte«. Es war das alte Russland, das er kennenlernte, das ihm dann aus so vielen Büchern vertraut werden sollte. Vielleicht erlebte er zum ersten Mal, was Literatur sein kann. Später würde er sehr unterschiedliche Urteile über diesen Autor lesen und hören, einmal war er der größte Schriftsteller der Sowjetepoche und wenige Jahre später ein zweitrangiger Autor, der von Stalin korrumpiert war. Er würde das Haus Gorkis in Moskau sehen und auch jene alte Villa in Bad Saarow an der Ostsee, wo Gorki in den zwanziger Jahren des vorigen Jahrhunderts ›Meine Universitäten‹ schrieb.

Der Junge kommt auf die höhere Schule Nun sollte auch er aus den kleinen Verhältnissen der Dorfschule in die größere Welt des Gymnasiums oder der »höheren Schule«, wie die Großmutter zu sagen pflegte, kommen. Ein wenig Bangigkeit verspürte er an jenem Morgen, als ihn die Mutter weckte und sagte: »Heute ist dein erster Schultag.« Freilich, diesmal gab es keine Schultüte, aber das Ereignis wiederholte sich: Es war ein Weg ins Unbekannte. Bevor er mit seinem Freund, dem Sohn des Wismut-Bergmanns, das erste Mal mit dem Zug in die Kreisstadt fuhr, hatten sie einen Stempel in ihren Personalausweis bekommen, denn sie wollten in das Territorium der Wismut. Dann saßen sie im Zug, der über die Berge in die kleine Kreisstadt an der Mulde schlich. Durch die Waggons gingen zwei Wismut-Polizisten, die ihre Ausweise kontrollierten. Schon einmal war er mit der Mutter in der Schule gewesen, wo es eine Feier gab. Zwei, drei Schüler in blauen Hemden der FDJ standen vor der Aula und einer sagte zu ihm: »Du kommst in die FDJ-Leitung, du warst ja bereits Vorsitzender bei den Pionieren.« Er nickte nur, es war ihm alles unvertraut und unbekannt. Was während der Feier geschah, hatte er bald vergessen, ein Chor hatte wohl gesungen und der Direktor mit einem Hinkefuß hielt eine Ansprache. Dann wurden sie in verschiedene Klassenzimmer gewiesen, er fand sich dort in der 9b3 mit siebenundzwanzig Jungen. Sein Freund und er waren die beiden einzigen Dorfjungen. Die anderen

Jungen kamen aus der Kreisstadt oder anderen kleinen Städten. Doch hatten sie immerhin etwas zu erzählen, waren sie doch gerade erst aus Berlin zurückgekehrt. Da gab es in jenem Jahr die Weltfestspiele der Jugend und Studenten. Zwar waren sie noch keine richtigen FDJ-Mitglieder, aber der Bürgermeister Selig hatte erklärt: »Ihr müsst mit, so schnell kommt ihr nie wieder nach Berlin.« In einer langen Schlange von Lastwagen fuhren sie auf der holprigen Autobahn viele Nachtstunden nach Berlin. Manchmal blieb die Kolonne stehen, dann gab es Tee und belegte Brote und bald darauf fielen sie auf den Holzbänken der Fahrzeuge in tiefen Schlaf, sodass sie die Einfahrt verpassten. Später würde er sich erinnern, dass sie ihre Quartiere in einer Schule in der Nähe der Warschauer Brücke bezogen hatten. Auch das Schild blieb im Gedächtnis, das auf der Brücke stand und darauf verwies, dass hier der »Demokratische Sektor von Berlin« endete.

Er ging damals nicht nach Westberlin wie viele seiner Kameraden, die mit Schokolade und Ringelsocken zurückkamen. Jede Gruppe erhielt Theaterkarten, er sah Lessings ›Nathan der Weise‹ mit Eduard von Winterstein und Brechts ›Herr Puntila und sein Knecht Matti‹. An jenem Abend diskutierte nach der Vorstellung auch Brecht mit den jungen Zuschauern. Im Stadion der Weltfestspiele hörte er den amerikanischen Sänger Paul Robeson, ach ja, und sie selber sangen: »Im August, im August blühn die Rosen.« Später kam es zu Krawallen, als junge Leute nach Westberlin zogen, aber da war er längst wieder im Erzgebirge. Das erste Mal in einer großen Stadt, einer von ihnen wunderte sich über die Fahrzeuge, die Häuser, diese Ansammlung von Menschen. Man kam ja aus der Provinz. Man lebte in kleinen Verhältnissen, wie Großvater zu sagen pflegte.

Und das Politische? Nichts ist davon in Erinnerung geblieben. Hat Walter Ulbricht eine Rede gehalten? Es gab Transparente, die sich gegen die Kriegstreiber im Westen richteten, aber wer waren diese Kriegstreiber? Die beschimpften Feinde blieben in der Anonymität, die ideologische Indoktrination funktionierte nicht. So verlief diese Episode im August des Jahres 1951.

Nun saß er in der höheren Schule und harrte der Dinge, die da kommen sollten, als sich die Tür öffnete und ein Lehrer eintrat, der seine Tasche mit kühnem Schwung auf den Tisch warf. Später einmal rückten sie den Tisch ein Stück weiter an die Fensterwand, und die Tasche fiel in kühnem Schwung auf den Boden, aber der Lehrer verstand Spaß, und er lachte. Diesmal aber ging er hinter das Pult, schlug das Klassenbuch auf und las die Namensliste vor. Später sah der Junge im Klassenbuch, dass hinter einigen Namen ein A oder B stand, das hieß Arbeiter- oder Bauernkind, die sollten besonders gefördert werden. Sein Freund aus dem Dorf, mit dem er in einer Bank saß, hatte das A hinter seinem Namen, aber die Wirklichkeit der Schule machte wohl kaum einen Unterschied zwischen Arbeitern und Bürgerlichen. Noch gab es einige alte Lehrer, die die Nazizeit überstanden hatten, da sie keine Mitglieder der NSDAP gewesen waren, Oberstudienrat Georgi und Doktor Körbs, Studienrat Engelhardt und Dr. Heinichen. Direktor war ein Neulehrer namens Neef, der später Rektor der Parteihochschule in Berlin werden sollte, er war Historiker und von ihm blieb ihm das Marx-Zitat in Erinnerung, dass die Geschichte eine Geschichte der Klassenkämpfe ist.

Vor ihnen saß nun ein Lehrer, der sie in Deutsch und Latein unterrichten würde. Er ließ die Knaben, die sich irgendwie landsmannschaftlich, wie einer sagte, gesetzt hatten, also die Zwönitzer zusammen, die Eibenstöcker, die Lauterer und dazwischen die wenigen Jungen aus den Dörfern, mit Namen, Wohnort und Plänen vorstellen. Dann begrüßte der Lehrer ein bisschen ironisch die drei Sitzenbleiber, die sich in dieser Klasse eingefunden hatten, und einen von ihnen, Neugräber, setzte er allein in eine vordere Bank, denn ihn hätte er gern in seiner Nähe, sagte er. »Ganz meinerseits«, entgegnete Neugräber und verbeugte sich leicht. Der Junge, der nur zwei Bänke hinter Neugräber saß, interessierte sich für den jungen Mann, der auf seinem Pult keine Schulbücher, sondern ein Notenheft liegen hatte. Als Lehrer Hannig meinte, das solle er mal weglegen, antwortete Neugräber, dass er das brauche. Und Hannig schüttelte den Kopf und meinte, na ja, vielleicht stünden da auch ein paar lateinische Vokabeln drin. Neugräber meinte: In den Tempibezeichnungen schon. Er kam aus Schlesien, ein Vertriebener, ein Umsiedler, wie man sagte, er wohnte in der Kreisstadt, nicht weit von der roten Kirche entfernt, und bald wussten seine Mitschüler, dass er später einmal Sänger oder Musiker werden wollte. Er war befreundet mit einem Schüler aus einer höheren Klasse, der Klavier spielte, und er nahm seine Mitschüler nicht so recht ernst.

Lesezeit Es dauerte eine ganze Weile, ehe es zwischen dem Jungen und Neugräber eine Annäherung gab. Die kam zustande, weil sie sich einmal in der Leihbibliothek von Goedicke trafen. Das war eine der wenigen privaten Leihbibliotheken, die es in dieser Zeit noch gab. Goedicke war ein Buchhändler, der neben dem Buchhandel diese Bibliothek betrieb. In dem engen Hinterzimmer, das der Junge entdeckt hatte, sah er am Regal Neugräber. Und nun kamen sie ins Gespräch. Neugräber zog aus einem Fach ein Buch, eingehüllt in dickes braunes Packpapier und fragte den Jungen: »Kennst du das Buch?« Und der Junge, der das Titelblatt aufschlug, sagte nein. Es war Hesses ›Unterm Rad‹ in einer alten Ausgabe aus dem S. Fischer Verlag. Neugräber selbst hatte einen dicken Wälzer in der Hand, Thomas Manns ›Doktor Faustus‹, auch das Buch kannte der Junge nicht. Das hatte Goedicke direkt aus dem Fischer Verlag im Westen geschickt bekommen, weil er sich dort beklagt hatte, dass viele der neuen Bücher, über die alle Welt redete, im Osten nicht zu kriegen seien. So wuchs also Goedickes Leihbibliothek.

Hier in dem dunklen Hinterzimmer begann nicht nur eine Schülerfreundschaft, sondern für den Jungen die Begegnung mit einem bisher unbekannten Feld der Literatur. Nun las er Werfel und Wassermann, Thomas und Heinrich Mann, Ina Seidel und Guido Kolbenheyer, denn Goedicke hatte manche Bücher in seiner Bibliothek, die er eigentlich gar nicht haben durfte. Aber die Prüfer, die hin und wieder vom Kreisrat geschickt wurden, hatten wenig Ahnung. »Was?«, sagte er zu dem Prüfer, »Sie kennen Ina Seidel nicht, eine der bekanntesten Antifaschistinnen, so bedeutend wie Ricarda Huch, die den ersten Schriftstellerkongress nach dem Krieg eröffnet hat, eine Freundin von Johannes R. Becher.« Der arme Prüfer, der lediglich eine Liste der Autoren bei sich trug, die aus den Bibliotheken auszusondern waren, er kam gar nicht dazu, die Namen nachzuschlagen, denn er wurde mit einer Überfülle von Namen beinahe erschlagen, und eine Tasse Kaffee gab es auch. Das erzählte Neugräber dem Jungen, er war einmal dabei gewesen, als Goedicke den Prüfer auf diese Weise hinters Licht führte.

So begann also eine neue Lesezeit des Jungen. Freilich erzählte er Neugräber nicht, dass er Karl May las und Hans Dominik, denn die standen auch in Goedickes Bibliothek. In der großen Pause in der Schule, wenn Neugräber nicht mit seiner Freundin über den Hof spazierte, ging er mit dem Jungen, und der fühlte sich ausgezeichnet, von dem Älteren ernst genommen zu werden. Dafür schrieb Neugräber manchmal die Russisch-Schularbeiten von ihm ab und ließ sich auch in Latein einen Zettel zuschieben, denn er hatte keine Zeit, sich mit dem profanen Schulstoff zu beschäftigen. Seit Monaten befasste er sich mit den Liedern von Schubert, Musik aber war für den Jungen ein noch viel unbekannteres Feld.

Ach ja, diese Monate waren eine Zeit des Glücks und des Unglücks zugleich. Das Glück kam ihm in Gestalt unbekannter Bücher entgegen oder wenn Neugräber ein Gedicht von Rilke zitierte. Wer war Rilke, nie hatte er vorher davon gehört, aber nun: »Rose, o reiner Widerspruch, Lust, niemandes Schlaf zu sein unter so viel Lidern.« Was hieß das nur? Neugräber schaute ihn erwartungsvoll an, aber der Junge wusste nicht so recht, wie er die Sprachmusik deuten sollte. Und da erklärte ihm Neugräber, was dies denn heißen könne. Ein andermal redeten sie über Thomas Manns Zauberberg und über Mynheer Peperkorn, hinter dessen Bild sich ein anderer Autor verbarg. Er sah, wie sich Literatur und Wirklichkeit verknüpften.

Asmann und andere Gefährdungen Daneben gab es die andere Seite dieser Schulzeit, jene Situationen, die er auf verwandelte Weise in Hesses ›Unterm Rad‹ wiederfand. Da ging die Tür auf und ein dicklicher Mann mit lächelndem Gesicht trat in den Raum. Es war der Mathematiklehrer Asmann. Sein Freund kannte ihn schon, Asmann war ein berühmter Schachspieler. Und ein glänzender Mathematiker war er auch. Der Junge fürchtete sich vor ihm, noch ehe er ein Wort gesprochen hatte. Er wusste ja, dass er diesem Mathematiker nicht genügen würde. Was hatte er in seiner Volksschule gemacht? Etliche Jahre Wettrechnen. Ihr Lehrer dort war zufrieden, wenn er ganz schnell sechzehn mal vierunddreißig ausrechnen konnte. Doch diese Fähigkeit würde wohl hier nicht anerkannt werden.

Als ob der Lehrer wüsste, dass da unter den Jungen auch einige saßen, denen das Rechnen mit einer Unbekannten ebenso unbekannt war wie die Sinuskurve, er holte sie treffsicher mit seinem dicken Zeigefinger an die Tafel. Auch ihn, und er konnte nur stottern: »Das haben wir nie gelernt.« »Ach so«, sagte Asmann, »das habt ihr nie gelernt? Das könnt ihr mir nicht erzählen.« So musste er fast jede Stunde antreten, um sein Nichtwissen vor der Klasse zu zeigen. Manchmal weinte er in der Pause, weil er so gedemütigt wurde. Und einige Male schlich er sich vor der Mathematikstunde davon und gab vor, einen Zahnarzttermin zu haben. Er ging im Tal an der Mulde entlang, die träge und schmutzig durch die Stadt floss. Er dachte an Hans Giebenrath in Hesses ›Unterm Rad‹, und er sah sich selbst als Giebenrath, war dies ein Weg, ein Ausweg?

Doch diese schwarzen Stunden wurden abgelöst von den Stunden des Glücks. Neugräber, der gegenüber dem Mathematiklehrer grundsätzlich seine Verachtung zeigte und nicht einmal aufstand, wenn er an die Tafel gerufen wurde, er hatte die Fähigkeit, diesen Lehrer zu verunsichern. »Nun«, sagte Asmann, »Sie brauche ich gar nicht zu fragen, Neugräber, Sie wissen es ja sowieso nicht.« »Richtig, Herr Asmann«, sagte Neugräber und nahm sich eine Partitur vor, die er leise vor sich hin summte. Glücklicherweise bekamen sie in der zehnten Klasse einen anderen Mathematiklehrer. Der drückte ein Auge zu, wenn der Junge bei seinem Nachbar abschrieb.

Das absolute Chaos herrschte in der Russischstunde. Niemand nahm die Lehrerin ernst, die da mühsam Vokabeln an die Tafel schrieb und Texte übersetzen ließ. Neugräber übte wie üblich mit leisen Tönen ein Lied aus der Partitur. Dahinter spielten Landgraf und Born Schiffe versenken, auf der nächsten Bank saßen ich und mein Freund. Wir lasen beide, der Junge den ›Zauberberg‹ und sein Freund Gorkis ›Mutter‹. Auf den letzten Bänken operierte die Skatgruppe, man hielt die Karten ein wenig unter den Tisch. Blohm, einer der besten Schüler der Klasse, stellte auf seinem Pult Gläser mit verschiedenen Salaten auf und begann ein ausgiebiges Frühstück. Vor ihm schlief Otto, der jeden Tag bei seinem Vater in der Werkstatt arbeiten musste. Nur der kleine Beutner guckte aufmerksam zur Lehrerin, und sie schaute zu ihm, denn er war beinahe der Einzige, der sich für das Fach interessierte. Oder tat ihm die Lehrerin leid?

So also begann eine Schulzeit. Oft genug hatte sie etwas von der Atmosphäre der ›Feuerzangenbowle‹. Aber auch andere Ereignisse gehörten zu jenen Jahren. Da wurden eines Morgens vier Schüler zum Direktor beordert, es ging dabei um IFNW. Was war IFNW? Es hieß ganz simpel »Interessengemeinschaft für Naturwissenschaften«. Das kleine Grüpplein Schüler traf sich wöchentlich einmal in der weitläufigen und menschenleeren Wohnung eines Mitschülers, um chemische und biologische Experimente durchzuführen. Der Anführer der Gruppe, ein Berliner, den der Krieg mit seinen Eltern ins Erzgebirge verschlagen hatte, war einigen Lehrern nicht so sehr durch seine naturwissenschaftlichen Neigungen, als vielmehr durch ein paar politische Äußerungen aufgefallen. Und nun saßen sie hier im »Direxzimmer«, und noch zwei Herren, die man bis dato nicht in der Schule gesehen hatte. Sie fragten und befragten: Warum habe man denn die IFNW nicht unter dem Dach der FDJ gegründet? Nowy sagte, dass er schon wegen der Sache bei dem FDJ-Sekretär gewesen sei, aber der habe darauf verwiesen, dass momentan die Aktion Kartoffelkäfer viel wichtiger wäre. In jenen Jahren mussten die Schüler klassenweise die umliegenden Kartoffelfelder nach dem Kartoffelkäfer absuchen, einem Schädling, der, wie sollte es anders sein, von den amerikanischen Imperialisten mit Ballons über die Grenze in die DDR geschleust worden sein sollte, um die Erträge der sozialistischen Landwirtschaft zu reduzieren. Dass der Kartoffelkäfer die Felder in der Bundesrepublik gleichfalls besuchte, wusste Nowy von seinen Verwandten und verbreitete diese Ansicht auch.

»Also, der FDJ-Sekretär hat von eurem Plan gewusst«, sagte der eine Herr. Aber habe Nowy nicht auch geäußert, dass man bald »den ganzen Laden zumachen« könne, wenn sich die Regierung nur mit dem Kartoffelkäfer beschäftige, fragte er. Und Nowy meinte, das habe er nicht gesagt. Wir anderen Knaben nickten eifrig, nein, von der

Regierung sei nie gesprochen worden. Nowy habe auch nie ein Kofferradio mit in der Schule gehabt, um den imperialistischen RIAS-Sender zu hören? Niemals, nur den Deutschlandsender habe man gehört, dort gebe es eine Sendung für junge Forscher. Deren Experimente habe man in der IFNW probieren wollen.

Die beiden Herren schauten sich an, dann tuschelten sie ein wenig mit dem Direktor und verabschiedeten sich, nicht ohne Nowy einige Blicke zuzuwerfen, die besagten: Dich kriegen wir schon noch, da kannst du sicher sein. Aber sie kriegten Nowy nicht, denn der zog mit seinen Eltern bald darauf zu den Verwandten nach Westberlin, wo er den imperialistischen Sender RIAS nun ohne Genehmigung hören konnte, wie er auf einer Karte schrieb, die ganz offensichtlich seine gute Laune zeigte.

Der junge Mann, der ich damals war, sollte einem der beiden Herren dann zwei Jahre später nochmals begegnen. Da hatte ich gerade das Abitur gemacht und keinen Studienplatz. Ich sollte Lehrer werden, wollte aber Germanistik oder Biologie studieren. Professor Hans Mayer, der berühmte Germanist in Leipzig, antwortete mir auf meinen zornigen Brief, dass er keinen Einfluss auf die Verteilung der Studienplätze habe. Und ich saß da, vielleicht der einzige Arbeitslose in der DDR des Jahres 1955, zehn Jahre nach jenem schönen Monat Mai. Ich bekam dann durch einen Zufall einen Arbeitsplatz als Bibliothekshelfer in der Kreisstadt.

In dieser Zeit begann auch mein Leben in den Akten jenes »Mysteriums«, das sich Ministerium für Staatssicherheit nannte. Eines Samstags, als ich gerade die Ausleihe in der Stadtbibliothek beenden wollte, kamen zwei Herren zur Tür herein, die darauf warteten, bis auch der letzte Bibliotheksbesucher den Raum verlassen hatte, dann zeigte einer seinen Ausweis und sagte, ich solle die Tür abschließen, ich müsse zwecks einiger Auskünfte mitkommen. Den einen hatte ich schon damals in der Oberschule im Direxzimmer gesehen, aber er verhielt sich so, als würde er mich nicht kennen. Draußen vor der Tür stand ein Auto und die beiden Herren stiegen mit mir ein. Ich wusste nicht, ob ich nun verhaftet war. Die Fahrt ging in den benachbarten Ort, der fast nur aus Bergwerkshalden bestand und einstmals das schmucke Radiumbad Oberschlema gewesen war. Man hielt an einer Villa. Dort wurde ich in einen Raum mit Tischen und Stühlen geführt. Einer der beiden Männer sagte, ich solle hier warten.

Und ich wartete, eine halbe Stunde, eine Stunde, anderthalb Stunden, zwei Stunden. Die Angst kroch in mir hoch, ich begann zu schwitzen und zu zittern: Was sollte aus mir werden? Dann ging die Tür auf, zwei andere Männer traten ein und ihre erste Frage war: »Was halten Sie von dem Buchhändler Kowarik?« Kowarik arbeitete in der Nähe der Auer Bahnhofsbrücke in einem kleinen Laden, der ausschließlich russischsprachige Literatur für die Angestellten der Wismut AG, für Offiziere der benachbarten Garnison und auch für russischinteressierte Deutsche vertrieb. Er nannte sich »Internationales Buch«, aber die Internationalität war auf das große Russenland beschränkt. Kowarik saß dort täglich mit einer Flasche Wismutschnaps im Papierkorb und rauchte Kette, aber er war kein Dummkopf, sondern ein belesener Mann. Er las nicht nur die russischen Klassiker, sondern auch »Druckerzeugnisse«, wie man das im amtlichen DDR-Jargon nannte, die aus westlicher Richtung kamen. Ein Buch sollte dabei eine besondere Rolle spielen: Wolfgang Leonhards ›Die Revolution entlässt ihre Kinder‹. Darüber wurde ich sofort befragt, ich hatte wohl von diesem Buch gehört, aber Kowarik hatte es mir nicht ausgeliehen. Da ich merkte, dass die beiden Verhör-Führer um dieses Buch ein Komplott zu schmieden versuchten, meinte ich gespielt naiv, vielleicht hat er mit dem Buch nur angegeben, vielleicht besitzt er es überhaupt nicht? Das schien den beiden nicht zu gefallen. So wurde ich schließlich befragt, ob es wahr sei, dass ich in Kowariks Laden einmal den großen Führer der Sowjetunion, den Genossen Chruschtschow, einen unerzogenen Bengel und ehemaligen Schweinehirten genannt hätte. Das hatte ich wohl getan, aber natürlich leugnete ich es in dem Gespräch und faselte etwas davon, dass Chruschtschow ja wohl ein Bauer aus einer Kollektivwirtschaft gewesen sei. So vergingen zwei, drei Stunden, dann musste ich ein Protokoll unterschreiben und versichern, dass ich niemand von diesem Verhör berichtete. Ein Fahrer brachte mich wieder in die Kreisstadt.

Noch einmal davongekommen, hätte ich damals sagen können. Aber mir war die wirkliche Gefahr wohl nicht bewusst, dass ich hier am Rande einer Verhaftung agiert hatte. Erst achthundertsiebzig Seiten meiner Stasi-Akte – anfangs trugen die Kopfbogen übrigens die Aufschrift »Staatssekretariat für Staatssicherheit«, ein Ministerium wurde es erst später –, erst diesen »Schreibwaren« entnahm ich einen »Liquidierungsplan«, der vorsah, neben Kowarik zwei seiner Freunde, meinen Kollegen Oden und mich, an einem bestimmten Tag zu verhaften. Doch in einem Protokoll der Vernehmung Kowariks konnte ich dann lesen, dass er mich und Oden als dumme Jungen bezeichnet hatte. Das rettete uns wohl. Kowarik wurde schließlich zu langjährigen Zuchthausstrafen verurteilt. Ich habe ihn dann nie mehr gesehen. Auch mein Kollege Oden verschwand.

Erst heute kann ich diesen elenden Provinzkrimi den Papieren entnehmen. Selbst die sowjetische Botschaft verfolgte den angeblichen Meisterspion Kowarik, der perfekt Russisch sprach. Und die Staatssicherheitsbereiche der Wismut und des »Territoriums« kämpften um die Berechtigung, diesen Feind zu jagen. Merkwürdigerweise nannte sich der Hauptspitzel »Wildgans«, seine wirkliche Identität konnte nicht geklärt werden, auch ein IM namens Werner Voss, der von der Hauptverwaltung Aufklärung geführt wurde, bleibt bis heute im Dunkeln.

So also begegneten mir die finsteren Seiten des Staates, dessen treuer Bürger ich gern gewesen wäre. Aber ich bin in dieser Erzählung weit vorausgeeilt. Noch immer saß ich ja auf der Schulbank, lernte Latein und Russisch und könnte mit Hermann Hesse hinzufügen »und einen Haufen Lügen«, freilich, ich wusste es nicht.

Der Großvater stirbt Nun, da der Junge jeden Tag vom frühen Morgen bis in den späten Nachmittag auf die »höhere Schule« ging, hatte er nur wenig Zeit, mit dem Großvater zu reden. Der hatte mittlerweile seine Klein-Landwirtschaft aufgegeben. Nur ein Schwein wurde jährlich aufgezogen, denn das Schlachtfest war für alle ein Vergnügen. Seine Bienenstöcke hatte Großvater noch immer. Vielleicht war dies sein eigentliches Altersvergnügen. Was nützten seine ironischen Bemerkungen zum Weltenlauf, niemand nahm sie recht ernst. Er hatte auch immer weniger Gesprächspartner, der alte Milchmann war gestorben, nur der Baumann-Paul, auch ein Imker, kam des Nachmittags manchmal zu Großvater. Sie saßen dann im Sommer in der Nähe des Bienenhauses. Manchmal schwärmten die Bienen aus. Dann ging ich mit dem Großvater mit einer kupfernen Wasserspritze dorthin, wo sich der Schwarm festgesetzt hatte. Wir fegten den Schwarm in einen Holzkasten.

Der Großvater, der für seine Sprüche bekannt war, wurde freilich immer stiller. Eines Tages sagte er zur Großmutter, dass er kein Schwein mehr aufziehen wolle, es gäbe ja genug zu essen. Auch unser Zureden half nichts. Meinem Vater wollte er die Bienen übergeben, aber der hielt bei diesem Gespräch die Hand vor die Augen, als wäre ein Bienenschwarm im Anflug. Mein Vater hatte vor jedem Bienenstich Angst, er dachte, man könne daran sterben. Großvater ging fast immer ungeschützt ins Bienenhaus, aber Vater schlug um sich, sobald sich nur eine Biene näherte. Nein, nein, er würde diese Bienen nicht übernehmen. Auch seine Klempnerwerkstatt räumte er auf, und wenn ein Bauer kam und ihn um eine Arbeit bat, lehnte er ab. Er sei nun in Rente, sagte er dann. Manchmal las er noch die ›Leipziger Bienenzeitung‹ und die ›Volksstimme‹. Das war die neue Zeitung, die es jetzt gab. Es war die Zeitung der SED, mit der er nichts am Hut hatte, doch standen die Todesanzeigen der näheren Umgebung im Blatt. »Bald wird meine Anzeige auch hier stehen«, sagte er zu dem Jungen, aber der lachte nur, obwohl er sich ein wenig ängstigte: »Großvater, du lebst noch lange.« Doch der Großvater legte sich eines Tages in sein Bett, wie an jedem Abend, und anderentags wachte er nicht mehr auf.

Der Junge hörte schon am frühen Morgen die weinende Großmutter, die Mutter, die mit dem Vater sprach und dann kamen sie in sein Zimmer und sagten: »Der Großvater ist gestorben.« Der Junge ging die Treppe hinab, da saß die Großmutter auf einem Stuhl und weinte still vor sich hin. »Ich will ihn sehen«, sagte der Junge, und da wies die Großmutter mit der Hand nach dem Schlafzimmer. Dort lag er in seinem Bett, die Augen geschlossen, als schliefe er. Der Junge trat näher an das Bett, er wagte es nicht, den Großvater zu berühren. Jetzt erst fiel ihm ein, dass er trotz seiner Nähe zum Großvater ihm körperlich kaum nahegekommen war. Er stand eine Weile, dann ging er aus dem Zimmer. Am nächsten Tag wurde der Sarg ins Haus gebracht, man legte den Großvater hinein und viele Leute kamen, um Abschied zu nehmen. Aber der Junge saß in seinem Zimmer. Er ging mit in die Kirche und auf den Friedhof. Er warf eine Handvoll Blumen in das offene Grab. So versank wohl auch seine Kindheit, die Großmutter starb nur wenige Monate später.

Ferien und andere Vergnügungen Von den Großeltern lebte nur der Walther-Großvater noch. Jeden Morgen kam er aus seinem Haus in das Dorf, wo er im Büro der Möbelfabrik seinen Schreibtisch hatte. Aber auf dem Schreibtisch lag nur ein leerer Papierblock, denn seine Söhne betrieben die Fabrik, sie ließen sich nicht gern »vom Alten« hineinreden. Der Vater des Jungen war nun Mitinhaber des Sägewerks und der Kistenfabrik. Der Vater sagte manchmal, uns geht es gut, ich habe nichts gegen diesen Staat. Wir fuhren nun jedes Jahr in die Ferien. Einmal ging es nach Bad Klosterlausnitz, wo wir in der »Köppe« wohnten. Das Gasthaus war den Eltern aus Friedenszeiten in Erinnerung. Es gab da so gutes Essen. Daran hatte sich nur wenig geändert. Freilich musste man für manche Gerichte Lebensmittelmarken abgeben, doch zum Frühstück bekam man ein Ei und hausgemachte Marmelade. Nur, der Junge saß zwischen alten und älteren Leuten. Es gab keine Kinder hier. So lief jeder Tag nach dem gleichen Muster ab: Nach dem Frühstück war eine Wanderung angesagt, man spazierte durch die umliegenden Waldstücke, immer genau nach der Uhr, damit man mittags zum Schnitzel mit Salzkartoffeln wieder im Hotel war. Dann hielt der Vater ein Mittagsschläfchen und die Mutter nahm sich eine Handarbeit vor. Der Junge saß vor dem Haus auf einem alten Eisenstuhl und hoffte, dass etwas geschehen würde, aber es geschah nichts. Er ärgerte sich, zu wenig Bücher mitgenommen zu haben.

Eines Tages machten sie mit dem Bus eine Ausfahrt ins benachbarte Eisenberg. Dort sahen sie in einem Schaufenster alte Bücher. »Ein Antiquitätenladen«, sagte die Mutter. »Ein Antiquariat«, meinte der Vater, »wo es alte Bücher gibt, das ist ein Antiquariat.« Wie der Laden auch hieß, der Junge drängelte, bis man die vier Stufen hinaufstieg und in das dunkle Gewölbe kam, wo im Hintergrund ein älterer Mann zwischen Bücherbergen saß. Man durfte sich umschauen, und was für ein Glück, da standen in einem Regal etliche rotgewandete Bände, Romane von Friedrich Gerstäcker. Von ihm hatte er schon ›Die Flusspiraten des Mississippi‹ gelesen. Hier nun gab es ein halbes Dutzend unbekannter Titel. Der Junge versprach, zu Hause künftig jeden Tag die Gänse an den Bach zu bringen, wenn man ihm die Bücher kaufte. Als ein weiteres Argument flüsterte er dem Vater zu, Gebhardt-Bruno habe gesagt, dass die Gerstäcker-Bücher sehr wertvoll seien. Das war erfunden, aber der Vater war bereit, die sechs Bände zu kaufen. Der Urlaub war gerettet.

Eine andere Ferienwoche verbrachten sie in der Sächsischen Schweiz. Auch hier saß die Langeweile wieder in der kleinen Pension, in der sie untergebracht waren. »Feine Leute sind das«, sagte die Mutter, denn sie wurde von der Inhaberin stets mit »Gnädige Frau« begrüßt und der Vater bekam als Äquivalent ein »Verehrter Herr« zugewiesen. »Feine Leute«, wiederholte die Mutter, der es gefiel, einmal gnädige Frau zu sein. Nur den Jungen ärgerte es, dass jeden Morgen erklärt wurde, was für ein hübscher Junge er sei. Nun ja, zum Glück gab es auch hier wieder ein Kaufereignis, das ihn mit der Situation versöhnte. In einer Buchhandlung sahen sie einen Globus, und der Globus war aus Glas und leuchtete. Wenn er nicht leuchtete, dann zeigte er das physikalische Bild der Erde, wenn er leuchtete, eine politische Karte, also dann sah man die Länder. Das war ein Wunderding, der Junge hatte so etwas noch nicht gesehen, und Vater, der ein wenig die Langeweile des Sohnes verstand, kaufte den Globus. Freilich, es gab allerhand Ärger mit dem sperrigen Gerät. Als sie mit dem überfüllten Bus fahren wollten, wurden sie mit dem großen Karton nicht mitgenommen. Man musste das Paket in der Buchhandlung deponieren, bis sie am Ende des Urlaubs mit dem kleinen Olympia aus der Kistenfabrik wieder abgeholt wurden.

So fuhr er in jedem Jahr mit den Eltern in den Urlaub, in der Hoffnung, dass es irgendetwas geben würde, was ihm die Langeweile vertrieb. Aber auch Fahrten in die unmittelbare Umgebung waren nicht zu verachten, gern fuhr er mit nach Annaberg. Da hatte der Vater Kreissägeblätter für den Betrieb abzuholen, und wenn er den Jungen mitnahm, dann lief man auch in die Große Kirchgasse, wo Zauber-Soltau in einem schmalen Ladenraum sein Geschäft betrieb. Zauber-Soltau war eigentlich der Türmer der St. Annenkirche, aber diese Aufgabe übernahm zu bestimmten Zeiten seine Frau, denn sie wohnten in dem mächtigen, runden Turm in luftiger Höhe. Soltau war nicht gerade ein freundlicher Mann, er verkaufte wohl seine Utensilien und Tricks nicht so gern, denn wenn immer mehr Leute das Zaubern erlernten, dann hatte er eines Tages keine Zuschauer in den eigenen Zauberschauen, die er an Wochenenden in etlichen Gaststätten veranstaltete. Aber das störte den Jungen nicht. Er kramte ein bisschen in den Schachteln und Regalen, und irgendetwas fand er dann schon, was seiner eigenen Zauberkarriere angemessen war. Er wurde später kein Zauberer, er wurde kein Abenteuerreisender, freilich, er lebte einen gut Teil dieser Zeit in den Welten seiner Phantasie.

Bei Dickens & Co Und noch immer besuchte er die höhere Schule, bis schließlich die Zeit des Abitur gekommen war. Obwohl der Großvater ihn fragte, ob er nicht in die Kistenfabrik kommen wollte, er war der älteste der Enkel, sagte er nein. Er saß dann in dem Sommer, der dem Abitur folgte, arbeitslos da, ganz in der dunklen Absicht verstrickt, Schriftsteller werden zu wollen. Denn auch das kam aus seiner Freundschaft mit Neugräber, der nun in Leipzig Musik studierte. Er wollte schreiben. Er wollte studieren. Er schrieb ein Tagebuch, er begann etliche Texte, aber nichts wurde so recht zu Ende gebracht. Immerhin gab es ein Buch, in das er eine ganze Reihe von Buchtiteln schrieb, vielleicht zeigte sich da der künftige Verleger, der er erst ein paar Jahrzehnte später werden würde.

Was hatte er denn als Kapital vorzuweisen? Ein paar Gedichte, einige kleine literaturkritische Texte, all das schickte er dem Vorsitzenden der Arbeitsgemeinschaft Junge Autoren. Als ihn der Walther-Großvater fragte, was das denn sei, sagte er, »so etwas wie eine Schule für Schriftsteller«. Eines Tages wurde er zu ihren Sitzungen eingeladen. Da saßen sie, die künftigen Autoren. Eine mausgraue alte Dame wieselte durch den Raum, von der er später hörte, dass sie Hunderte von Gedichten geschrieben habe. Einmal sollte er sie besuchen in ihrem Dorfstübchen, da fand er sie an der Schreibmaschine und sie schrieb ganz schnell ein neues Gedicht. Das schenkte sie ihm samt fünf Hühnereiern, denn von den Gedichten konnte sie nicht leben, von den Hühnern schon. Und sie schrieb die Gedichte so schnell wie die Hühner die Eier legten. Ein stattlicher Mann, der ihm gleich sympathisch war, erzählte, dass er bei der Wismut arbeitete. Er schrieb an einem Roman, und es sollte lange dauern, bis dieses Buch erschien, denn alle Verantwortlichen der Wismut wollten an diesem Werk mitschreiben. So sprachen sie von ihren Romanen, von den Erzählungen, die in Zeitschriften und Zeitungen erschienen, und sie schauten ein bisschen mitleidig auf den schmalen jungen Mann, der sich in diese erlauchte Versammlung gewagt hatte.

Dann begann die Arbeitstagung. Ein Herr, der aus Berlin gekommen war, nahm das dünne Bündelchen von Manuskripten in die Hand, das er eingereicht hatte, und meinte, dass man darüber noch nicht sprechen könne. Eine Dame, die wohl Bürgermeisterin in einem kleinen Dorf war, aber von großen Romanen träumte, schaute ihn mitleidig an. Das sei sicherlich gut gemeint, aber von Literatur noch weit entfernt. »Lesen Sie erst einmal Thackeray und Dickens, junger Mann«, sagte der Berliner, »dann werden Sie sehen, was Literatur ist, und dann melden Sie sich wieder bei uns.« Später würde er wissen, dass der Mann aus Berlin immer Thackeray und Dickens »kritische Realisten« nannte, wenn er einen Text besprach. Das war für ihn der Weg, der in die Literatur führte. Nach fünf Minuten war er also entlassen.

Nur einer der Autoren, von dem er später hörte, dass er Direktor der Volkshochschule war, sagte: »Melden Sie sich mal bei mir, ich habe vielleicht etwas für Sie.« Ihm hatte er anfangs gesagt, dass er keine Arbeit habe, da er nicht zum Studium zugelassen sei. Er nickte und packte sein Bündelchen Manuskripte ein, das ihm der Berliner Herr zurückgegeben hatte. Er stand auf, da waren die Autoren schon wieder bei einem anderen Text, der etwas von Thackeray hatte, wie der Berliner sagte. Dann ging er ganz schnell aus dem Raum. Die kleinen Thackerays und Dickens' hatten es wohl gar nicht bemerkt. Die Tür des Kulturhauses schlug hinter ihm zu.

Die Akteure verschwinden Noch einmal sollte er schon als erwachsener Mann Onkel August begegnen. Diesmal nicht als Stillleben unter dem Apfelbaum mit Bierflaschen, sondern in einem Altersheim. Über die Jahre war August aus dem Blickfeld geraten, die Besuche bei den Großeltern waren nicht mehr möglich, und der alte Oberst hatte wohl auch längst seine letzten Kognakflaschen verloren. So war es eine Überraschung für ihn, als er eines Tages eine Postkarte bekam, auf der Onkel August bat, ihm einen Besuch im Altersheim Lössnitz abzustatten. Dem konnte er sich nicht entziehen.

Das Haus lag auf dem Berg und man hatte einen weiten Blick in das Tal. Als er durch die Korridore ging, begegneten ihm Greise. Eine alte Frau fragte nach ihrem Sohn und ein Alter bat, ihn mit in den Zirkus zu nehmen, der heute angekommen war. Nun, es war kein Zirkus angekommen, es waren alte, verwirrte Leute, die hier über die Gänge huschten.

Und dann war er schon am Zimmer von Onkel August. Er staunte nicht wenig, als er es betrat, denn außer dem Bett gab es vor allem Kisten und Kartons, die allesamt Beschriftungen in großen Buchstaben trugen: UFA 1933/DEFA 1949/GERHARD PHILIPP/HANS MOSER/GRETE WEISER. Er sah zunächst nur die Kartons, vielleicht hundert an der Zahl, die so etwas wie ein Filmmuseum waren. August, der im Hintergrund auf einem Schaukelstuhl saß, erzählte ihm, dass dies eine Erbschaft des

Obersten war, bei dem er einst als Diener gelebt hatte. Er lächelte ein wenig und sagte: »Da staunst du aber, was aus August geworden ist. Ich bin der größte Filmkenner aller Zeiten. Und hier siehst du mein Archiv. Alles ist da«, sagte er und begann, einzelne der Kisten zu öffnen: »Aus dem Grundstock des Obersten habe ich das Sammeln fortgesetzt. Siehst du, ›Jud Süß‹, Veit Harlan, solches Material hat kein Archiv«, und er öffnete immer neue Mappen und Kartons und Kisten, und die beiden begannen in den Papierfluten, die sich über Tisch und Stühle ergossen, zu ertrinken. Er musste abwehren, musste besänftigen, damit der größte Filmkenner aller Zeiten sein Archiv nicht davonschwimmen ließ. August hatte seine letzten Jahre im Kino verbracht, als Archivar einer Filmstelle, und auch alles, was für das Altpapier vorgesehen war, Programmhefte und Zeitschriften, Bilder und Mappen, in seine kleine Altbauwohnung getragen. »Da ist München nichts dagegen«, sagte er. München, damit war ein großes Filmarchiv gemeint. »Ich habe es ihnen angeboten, zehntausend Mark wollte ich, aber die haben nicht einmal geantwortet.« Wieder begann er in einer Mappe zu suchen. »Und«, sagte er, »sie haben mir meine schöne Maschine weggenommen und auch die Filmrollen, die ich vor der Vernichtung gerettet habe. Nun liegen diese Schätze in einer alten Garage. Dafür zahle ich monatlich dreiundzwanzig Mark Miete. Aber ich komme nicht dazu, mir dort die alten Filme anzugucken.«

August hatte sich aus dem Leben in die Welt des Films zurückgezogen. Er war nicht verrückt, er lebte nurmehr in dieser Zelluloidwelt und begann auf die Heimleitung zu schimpfen, die ihm nicht gestattet hatte, seine alten Filmrollen und den Vorführapparat hier unterzubringen. »Feuergefahr«, er wischte das Argument mit einer Handbewegung weg, »Feuergefahr, da gibt es anderes, das ist viel gefährlicher. Nein«, sagte August, »sie wollen nicht, dass mein Archiv weiter wächst.« Nach einer Stunde sagte er: »Nun muss ich aber gehen«, und August bat: »Warte noch zehn Minuten.« Die zehn Minuten vergingen, und es waren zwei Stunden vergangen, ehe er sich mit Mühe verabschiedete. »Du musst aber wiederkommen, ich habe dir noch nicht alles gezeigt.« Aber er kam nicht wieder, er sah August unter dem Apfelbaum und er sah ihn zwischen seinen Papieren. So war das also, die afrikanische Wirklichkeit war längst vergessen, als er ihn nach seiner Jugend fragte. Irgendwann erreichte ihn die Nachricht, dass August gestorben war.

Vielleicht war ja alles in diesen Jahren, die auf das Jahr 1989 zuliefen, eine Wirklichkeit aus Zelluloid, unwirklich und wirklich zugleich. Die Realitäten verloren sich hinter den Losungen und Parolen. Wenn er manchmal an der Kistenfabrik vorbeifuhr, die eine Erhöhung zum Kombinatsstammbetrieb erfahren hatte, sah er die bemalten Transparente: Vorwärts zu diesem oder jenem Parteitag, die Nummerierung war unwichtig. Bei dieser Gelegenheit muss auch das Ende der Kistenfabrik berichtet werden. Einige Jahre nach der Wende war der Betrieb zahlungsunfähig. Wenn man heute vorüberfährt, fährt man an Ruinen vorüber. Die Dächer sind bemoost und zwischen den Gleisen, die einst das Werk mit der Welt verbanden, wächst Gras. Und er ging durch das Dorf, das sich verändert hatte, und die Stadt nebenan auch. Das alles freilich ist schon eine andere Geschichte, die kaum mehr an jenen Monat Mai erinnerte, der nunmehr wohl zu Ende gegangen war.

„Erinnerungsträchtiges, unsentimentales Bild einer spannenden Zeit«
Super Illu

Claudia Seifert
Wenn du lächelst, bist du schöner!
Kindheit in den 50er und 60er Jahren
ISBN 3-423-**24411**-9

Frauen aus Ost- und Westdeutschland, alle in den 50ern geboren, blicken zurück auf ihre frühen Jahre, auf eine Zeit, die wir gerne im milden Licht der Tütenlampen und Heimatfilme sehen. Doch trotz beginnendem Wirtschaftswunder war das Leben für viele Menschen alles andere als idyllisch: Gerade für Frauen galten Leitwörter wie Pflicht, Leistung, Ordnung, Sauberkeit und Gehorsam. Die Deutschen waren angetrieben von dem Wunsch, endlich wieder in die Normaltät zurückzukehren …

»Das ist ein Frauenbuch im besten Sinne des Wortes … Man nimmt das Buch in die Hand, um darin zu blättern, und man liest sich fest. Individuelle Kindheiten entstehen und gleichzeitig die Problematik einer historischen Epoche, an die man sich mit gemischten Gefühlen erinnert … Das Kunterbunt ist von unwiderstehlicher Echtheit. Die Mischung reizt zum Weiterlesen und Nachdenken.«
Ruth Klüger in ›Die Welt‹

Aus Kindern werden Leute, aus Mädchen werden Bräute
Die 50er und 60er Jahre
ISBN 3-423-**24525**-5

Von den Tanzstunden mit Anstandsunterricht über die Jugendkrawalle bis zum Aufklärungsfilm ›Helga‹: Claudia Seifert ruft die Alltagskultur und die Rollenbilder jener Jahre wieder ins Gedächtnis.

»Pointiert und hintersinnig beschreibt Claudia Seifert den Zeitgeist jener idyllischen und kleinbürgerlichen Jahre.«
buchinformation.de

Bitte besuchen Sie uns im Internet: www.dtv.de

Ulrich Frodien im dtv

»Bleib übrig«
Eine Kriegsjugend in Deutschland
Originalausgabe
Mit s/w-Abbildungen
ISBN 3-423-**30849**-4

Schon wieder Opas Kriegsgeschichten? Nein! »Bleib übrig« lautet gegen Ende des Zweiten Weltkrieges der Abschiedsgruß unter deutschen Soldaten. Der Journalist Ulrich Frodien schildert seinen Weg vom Jungvolkjungen bis zum 17jährigen Kriegsfreiwilligen. Erst an der Ostfront beginnt er, an seinem bisherigen Weltbild zu zweifeln. »Ihnen ist etwas Seltenes gelungen«, schrieb Hans-Jochen Vogel dem Autor, »eine anschauliche und realistische Schilderung von Kriegserlebnissen aus dem seinerzeitigen Bewußtseinsstand heraus. Und das in einer einfachen, ungekünstelten Sprache, die sich von Dramatisierung ebenso fernhält wie von Selbstmitleid.«

»Er berichtet von wahnsinnigem Mut und normaler Feigheit – verwoben mit einer Biographie, beispielhaft für diese ›übriggebliebenen‹ Jahrgänge.«
Abendzeitung, München

»Ein Zeitdokument, vor allem die Schilderungen aus seiner sterbenden Heimatstadt Breslau.«
Süddeutsche Zeitung

Um Kopf und Kragen
Eine Nachkriegsjugend
ISBN 3-423-**34171**-8

Wie viele tausend andere ist der junge Ulrich Frodien gerade aus der Kriegsgefangenschaft entlassen worden und mit seiner Familie als Flüchtling in Sachsen gelandet. Eine oft zermürbend harte Zeit beginnt, eine Zeit, die von unserem heutigen Leben Lichtjahre entfernt scheint.

»Ehrlich und kritisch offeriert Ulrich Frodien seine Erinnerungen.«
Neues Deutschland

Bitte besuchen Sie uns im Internet: www.dtv.de

Biographien bei dtv

Michael W. Blumenthal
Die unsichtbare Mauer
Die dreihundertjährige Geschichte einer deutsch-jüdischen Familie
Übers. v. W. Heuss
ISBN 3-423-30788-9

Patricia Clough
Hannelore Kohl
Zwei Leben
Übers. v. P. Torberg
ISBN 3-423-34003-7

Martin Doerry
»Mein verwundetes Herz«
Das Leben der Lilli Jahn 1900–1944
ISBN 3-423-34146-7

Carlo Feltrinelli
Senior Service
Das Leben meines Vaters Giangiacomo Feltrinelli
Übers. v. F. Hausmann
ISBN 3-423-34016-9

Erica Fischer
Das kurze Leben der Jüdin Felice Schragenheim
»Jaguar«, Berlin 1922 Bergen-Belsen 1945
ISBN 3-423-30861-3

Heinz Fischer
Mut der Frauen
Lebensbilder aus der Weltgeschichte
ISBN 3-423-34375-3

Manfred Flügge
Heinrich Schliemanns Weg nach Troia
Die Geschichte eines Mythomanen
ISBN 3-423-34025-8

Ulrich Greiwe
Augstein
Ein gewisses Doppelleben
ISBN 3-423-34034-7

Albrecht Fölsing
Wilhelm Conrad Röntgen
Aufbruch ins Innere der Materie
ISBN 3-423-30836-2

Ulrich Frodien
»Bleib übrig«
Eine Kriegsjugend in Deutschland
ISBN 3-423-30849-4

Um Kopf und Kragen
Eine Nachkriegsjugend
ISBN 3-423-34171-8

Lina Haag
Eine Hand voll Staub
Widerstand einer Frau 1933 bis 1945
ISBN 3-423-34258-7

Eric Hobsbawm
Gefährliche Zeiten
Ein Leben im 20. Jahrhundert
ISBN 3-423-34284-6

Bitte besuchen Sie uns im Internet: www.dtv.de